福佬与客家之间

杨国桢 著

海峡出版发行集团

福建人民出版社

图书在版编目（CIP）数据

福佬与客家之间 / 杨国桢著 . --福州：福建人民出版社，
2023.7

ISBN 978-7-211-09118-8

Ⅰ.①福…　Ⅱ.①杨…　Ⅲ.①文化史—调查研究—龙岩
Ⅳ.①K295.73

中国国家版本馆 CIP 数据核字（2023）第 120315 号

福佬与客家之间

FULAO YU KEJIA ZHIJIAN

作　　者：杨国桢
责任编辑：江叔维
责任校对：林乔楠
出版发行：福建人民出版社　　　　　　　电　　话：0591-87533169(发行部)
网　　址：http://www.fjpph.com　　　　电子邮箱：fjpph7211@126.com
地　　址：福州市东水路 76 号　　　　　邮政编码：350001
经　　销：福建新华发行(集团)有限责任公司
印　　刷：福州印团网印刷有限公司
地　　址：福州市仓山区建新镇十字亭路 4 号
开　　本：787 毫米×1092 毫米　　　1/16
印　　张：15.25
字　　数：198 千字
版　　次：2023 年 7 月第 1 版　　　　2023 年 7 月第 1 次印刷
书　　号：ISBN 978-7-211-09118-8
定　　价：72.00 元

本书如有印装质量问题，影响阅读，请直接向承印厂调换。

目　录

插 图 目 录

表格目录

前　言

　　1988 年，中国改革开放后十年，我因机缘巧合，参与主持厦门大学与美国斯坦福大学（Stanford University）、台湾"中央研究院"民族学研究所合作进行的"福建、台湾社会文化比较研究"项目。1989 年 11 月至 1992 年，我陆续在闽西龙岩地区（今龙岩市）龙岩市（原龙岩县，今龙岩市新罗区。如无特别说明，书中提及的作为调查地的龙岩皆指此处）三个村开展田野调查。1994 年后，我又参加该项目的延伸计划"华南农村社会文化研究"项目，在闽西龙岩地区长汀县河田镇蔡坊村开展田野调查。

　　这两波"三方两国"合作的五年福建农村社会文化田野调查，到其成果《台湾与福建社会文化研究论文集》《华南农村社会文化研究论文集》共四册出齐，前后延续了十年。这项调查研究是中国社会经济史学与人类学研究方法相结合的尝试，在某种意义上可说是中国历史人类学兴起的前奏。可惜由于当年台湾海峡两岸的情势所限，在中国大陆没有做公开的报道，人们所知甚少，后来受两岸关系变化的影响，没有继续进行下去发展成稳定的交流模式和成功的合作范例，特别是福建各田野调查点的专题研究报告没有如期编写完成和出版，以致它在中国学术史上曾经发挥过的桥梁作用，反而随着时过境迁渐渐地被淡忘了。

　　奉献给大家的这本小书，就是我根据 20 世纪 90 年代在龙岩地区龙岩市农村田野调查所得文献与口头资料写的研究报告，1998 年 1 月提交打印时取名为《福佬与客家之间》。这是因为我所调查的地点在地理上处于闽西山地与闽南平原的交界地带，闽西通行客家话，闽南通行闽南话，广义的闽南话又称河洛话，福佬即河洛。福佬与客家之间，意指闽南话与客家话两大方言区之间。龙岩话受闽南话和客家话影响又自成一体，大多数学者认为属闽南语系的分支，但不仅客家人听不懂，连闽南人也听不懂，所以有个别学者把龙岩话列为福建六大方言之一。福佬与客家之间，又指龙岩的行政区划。龙岩自设县以来，历史上地方社会行政管理权曾在客家人为主体的汀州府与闽南人为主体的漳州府之间转换流移，清代才脱离漳州府独立为州，民国时期又恢复为县，成为闽西首府。

我调查的三个村，两个是城市郊区操龙岩话的村落，一个是边缘山区讲客家话的村落。这样的选择，并没有预设什么民间社会文化的典型意义，也无意成为龙岩乡村传统社会文化研究的范本，甚至也不能代表龙岩乡村传统社会文化的主流。不过1996年以来，这里经历了千年未有之大变局，龙岩地区改制为龙岩市，县级龙岩市改制为新罗区，龙岩市区随之西扩，我所调查的两个郊区村落所在的乡镇被拆迁改造为市区的街道，村容乡貌已无迹可寻，这份田野调查报告也就成了不可再生的历史文献，有了保存的价值。这好比鉴赏家的陈列柜中的收藏品，"即使不是等质或成比例的，借由样品我们仍能观察到某项事物的种种特色"。

为使读者了解本书的写作背景和使用的理论方法，我撰写了这篇前言，利用自己保存的原始文件和日记、笔记，参考有关的新闻报道，厘清"三方两国"合作开展闽台社会文化比较研究的来龙去脉，还原那段不寻常的岁月。又在调查报告之后，将当年三方开展这一合作研究项目的协议文书、调查问卷文本以及调查报告编写大纲作为附录。为便于读者对田野调查的场景有感性的认识，我还从当时所拍摄的照片中选择有代表性的照片作为插图。

一、合作研究的缘起

1978 年中国的改革开放，开启了中美学术交流的大门。根据中国科协与美中关系委员会互换学者的协议，斯坦福大学、加州大学伯克利分校（University of California，Berkeley）联合东亚语言和地区中心提名，邀请中国著名的社会经济史学家、厦门大学傅衣凌教授于 1979 年 10 月赴美讲学三个月。傅先生成为中美建交后中国正式派出的首批赴美讲学的 10 名科学家之一。1979 年 6 月，加州大学伯克利分校历史学教授、中国研究中心主任魏克曼（即魏斐德，Frederic E. Wakeman）率领美国明史访问团来华，希望和傅先生见面。我陪同傅先生到北京，6 月 8 日到国际俱乐部，出席了中国社会科学院历史研究所与美国明史代表团的学术交流会。这年 10 月底傅先生访美，地处旧金山湾区的斯坦福大学便是第一站。1980 年，根据中国社会科学院和美国美中学术交流委员会的协议，双方精心策划和组织，于 10 月下旬在北京成功举办了"自宋至一九〇〇年中国社会和经济史"中美学术研讨会，著名人类学家、斯坦福大学人类学系教授施坚雅（G. William Skinner）是美方代表团的副团长。我和斯坦福大学胡佛研究所（Hoover Institution）研究员张富美都是正式代表，在会上作为对方论文的评论人正面交锋，互相切磋，这是我与斯坦福大学学者结缘的开始。

1985 年 9 月至 1986 年 9 月，受斯坦福大学邀请，我和内子翁丽芳到该校做了一年的中国社会经济史的客座研究（图 1）。我的研究室在胡佛研究所二楼东亚研究中心，主任是丁爱博（Albert E. Dien）教授。学习和学术交流的中心则在楼下的胡佛研究所东亚图书馆，在图书馆阅览室里安排有我的专座。该馆收藏的东亚图书分置于地下 7 层书库。档案馆则在毗邻的胡佛塔内。图书馆馆长马若孟（Ramon H. Myers）教授是中国近代经济史学家，1976 年以美国亚洲学会中国台湾史研究小组召集人的身份，委托王世庆、张伟仁等在台湾搜集契约文书和其他古文书，获 5600 余件，编辑影印《台湾公私藏古文书影本》10 辑 120 册，分藏胡佛图书馆、哈佛燕京图书馆、日本东洋文库、台北傅斯年图书馆各一部。我可能是舍得花几个月时间从头到尾读过此书的第一人。那时候，这里是亚洲特别是中国大陆和港澳台学人访问美国的必到之地，因此我有机会和他们接触往来，建立广泛的学术联系。

我接待过的到访学者有香港新亚书院的全汉昇、南京大学的蔡少卿、东京大学的滨下武志等人，我尽地主之谊，请他们到家里吃饭。来自台湾的访问学者和留学生，由于都讲闽南话，很快消除隔阂，和我们交往过从，对彼此的学术关切有了较多的理解。1986 年，台湾"中研院"民族学研究所副所长庄英章来斯坦福大学访问研究，我们在搜集研究契约文书、族谱、碑刻等民间文献资料方面有共同的学术爱好与研究志趣，常常相互切磋，建立了私人友谊。由于厦门大学中国社会经济史研究的特色是以民间文献（诸如契约文书、谱牒、志书、文集、帐籍、碑刻等）证史，以社会调查所得资料（诸如反映前代遗制的乡例、民俗、地名等）证史，与人类学的旨趣相通，我与美国人类学家有了交流互动，施坚雅教授邀请我们夫妇到家中做客，出席他的家宴（图 2、图 3）；郝瑞教授（Stevan Harrell）邀请我们到西雅图华盛顿大学（University of Washington）演讲座谈（图 4），我则为他和杜磊（Dru C. Gladney）先生访问厦门大学及赴泉州少数民族乡镇田野考察穿针引线。这就为跨越学科的国际合作研究积累了可贵的信任基础。

图 1　1985 年 9 月，杨国桢、翁丽芳在斯坦福大学做客座研究

图2　1986年6月14日晚，出席施坚雅家宴。施坚雅为杨国桢斟酒

图3　翁丽芳与施坚雅夫人曼素恩（左）及其女儿艾丽斯合影

图 4　1986 年 5 月 29—30 日，杨国桢、翁丽芳访问西雅图华盛顿大学

　　1988 年初，美国的亨利·鲁斯基金会（Henry Luce Founda-
tion）公开接受美国各大学的申请，拨款资助中国研究，尤以美
国学者与中国大陆及港澳台学者的三方合作项目为优先。在中国
人类学研究上享有盛誉的斯坦福大学人类学系教授武雅士
（Arthur P. Wolf）觉得机会难得，决定申请在福建和台湾进行人
类学比较研究项目。武雅士长期在台湾做田野研究，台湾"中研
院"民族学研究所从 1965 年开始转移其部分研究重心于"汉人
社会文化"研究，双方多有合作，而厦门大学先后有傅衣凌教授
与我赴斯坦福大学访问研究，三方有联合研究的基本条件。武雅
士于是请斯坦福大学胡佛研究所研究员张富美居中引线，促成三
方的合作，嘱我邀请厦门大学台湾研究所和人类学系学者参加。
1980 年 7 月厦门大学从历史、经济等系抽调教师组建成立台湾研
究所，1984 年 2 月和 9 月又从历史系分出人类学研究所和人类学
系，他们中的许多人和我同过事，沟通不存在什么问题。

我接到来信后，即与台湾研究所所长陈孔立教授、人类学系原主任陈国强教授相商，他们表示愿意参加部分研究。于是由我向校外事办公室和主管的副校长王洛林教授请示，征得同意后与武雅士教授商议研究计划的细节。根据武雅士教授的提议，经过三方书信交换意见，最后达成如下共识：

主要参加人员。1. 美国斯坦福大学：人类学系武雅士教授（美方主持人），胡佛研究所张富美研究员（女）；中密歇根大学（Central Michigan University）葛希芝教授（Hill Gates，女）；印第安纳大学（Indiana University）宋玛丽教授（Margaret M. Y. Sung，女）——后来才知道她的中文名叫严棉，夫君姓宋；日本中部大学王崧兴教授（特邀）——王崧兴教授只来过一次，我在白城寓所和他有过愉快的长谈，他对台湾龟山岛的田野调查令我神往，但后来福建的田野调查他都没有参加，1995 年英年早逝。2. 福建厦门大学：历史研究所所长杨国桢教授（闽方主持人）、人类学系陈国强教授、台湾研究所所长陈孔立教授等；3. 台湾"中研院"民族学研究所所长庄英章教授（台方主持人）、台湾清华大学人文社会科学院院长李亦园教授等。

研究方法和目的：1. 运用人类学和历史学相结合的研究方法，进行资料调查和田野调查，抢救福建省和台湾省民间社会的文献资料和口头资料，比较两省民间风俗习惯的异同，研究福建风俗习惯移植台湾后的变化，并对两省民间文化的差异提出科学的解释。2. 通过合作研究，促进美国学者、台湾海峡两岸学者的交流与合作。

研究工作计划：确定在福建设 12 个田野调查点，在台湾设 10 个田野调查点，每个点 3 个村，用 3 年时间，对每个村 60 岁以上男女各 50 人开展问卷调查。调查内容是传统农村（福建1950 年以前，台湾 1945 年以前）的地方社会和风俗习惯。福建方面，厦大历史研究所承担 6 个点，人类学系 4 个，台湾研究所

2 个。再由各单位确定参与人员和调查地点名单。

那个时候，美国学者到福建或台湾合作研究不成问题，而福建与台湾之间不能直接往来，两岸学者如何合作研究是大问题。所以设想 3 年内每年在斯坦福大学举行一次三方学者参加的学术研讨活动，间接地实现闽台学者的合作与交流。

1988 年 3 月，我赴京出席第七届全国政协第一次会议，恰好武雅士教授参加斯坦福大学教师旅行团到北京，打算与我面谈。但我去找他时，却被告知他刚刚退房走了，失去当面沟通的机会。尔后用书面交换意见，难免费力费时。这年夏天，亨利·鲁斯基金会宣布：斯坦福大学获得最高额的资助金，在竞争激烈的十多项申请计划中脱颖而出。基金会的款项于 1988 年秋如期拨下，武雅士急于签署合作协议，但如何签署，三方却意见不一。有一种意见认为理应是一份协议三方共同签署，并建议三方代表在香港协商处理，但由于两岸窒碍难行，最后三方一致同意，改为由斯坦福大学分别与厦门大学、台湾"中研院"民族学研究所签订协议。为了避免不必要的干扰，协议达成后不做公开报道。至于合作研究项目的名称，我后来才知道，斯坦福大学与厦门大学签订的协议称之为"福建与台湾两省风俗习惯的比较研究"，美国斯坦福大学与台湾"中研院"民族学研究所签订的协议称之为"台湾与福建两地区民族志基本调查与比较研究"。这可以说是历史学学科与民族学学科对人类学田野调查研究的不同表述，即从历史学本位的视角看调查的是"风俗习惯"，而从民族学本位的视角看调查的是"民族志资料"。后来在台湾公开举办研讨会时定名为"福建、台湾社会文化比较研究"。

在与斯坦福大学签订协议之前，我们按照规定，提请厦门大学向国家教育委员会申报。1988 年 12 月 21 日，获得国家教育委员会的批准。

1989 年 3 月 22 日，我和武雅士在厦门大学签署了合作研究协议书。副校长王洛林和外事办公室主任高扬等到场见证。

二、福建田野研究的展开

合作协议签署后，我们开始分别到拟定调查的县市踩点，搜集文献资料，包括清至民国时期的地方志、文集、族谱、民间文书和土地、户口、民族、婚姻、宗教等方面的档案资料，为开展田野调查做准备。台湾方面积累了丰富的田野调查经验，掌握了细腻的田野调查技巧，负责制定田野调查问卷，以便三方讨论后确认执行。

根据初步访查的情况，我们对条件不具备的调查点加以更换。如连城县改为上杭县，长汀县改为龙岩市。其他调查点也在村子的选择上做了一些调整。

田野调查地点的选择，正如主持人武雅士和庄英章后来所说，并非基于社会学问卷调查的严谨分层和随机抽样，而是很大程度上基于田野研究点实际负责人的个人背景、关系等因素之考量。我选定龙岩地区龙岩市为田野调查点的理由，一是龙岩是我的故乡，我懂龙岩话，具有语言优势。二是我虽少小离家，但上大学以后多次到龙岩调查闽西人民革命史，和当地的党史办、方志办、地方文史研究者颇有交往，关系良好，他们必要时能够帮助我疏导下乡调查的管道。三是1967年红卫兵挑起武斗之后，我曾避难到龙岩，隐居在一个村子里当"逍遥派"，脱离学校，和草根村民打成一片，无意中做了一次长时段的"参与观察"。

这时，随着台湾同胞到大陆探亲的大门打开，海峡两岸的关系有所缓和，台湾学者可以申请到大陆做文教交流了。因此合作协议中两岸学者到斯坦福大学间接交流的计划随之改变，决定三方在厦门大学商谈并启动福建田野调查。

1989年11月初，美国学者武雅士、葛希芝、张富美和台湾学者庄英章、潘英海等5人先后抵达厦门大学。9日，在南洋研究所三楼会议室讨论合作研究计划，厦大与会者有历史研究所的杨国桢、陈支平、林汀水、邱松庆、郑振满、曾玲、周翔鹤、郭润涛、张和平、苏鑫鸿、鲍一高、张崇旺、赖红梅，台湾研究所的陈孔立、陈在正、邓孔昭、陈小冲等，人类学系的陈国强、叶文程、蒋炳钊、吴绵吉、苏垂昌、唐杏煌、庄景辉、郭志超、石奕龙、吴孙权、曾少聪、范可等，还有一批人类学系学生旁听。

调查内容是传统农村的地方社会和风俗习惯，尤其以家族、婚姻与收养习俗为中心。关于调查的问题意识和指导思想，庄英章和武雅士后来指出："我们提出三种可能的解释架构：一种是历史文化的假设，台湾的社区文化差异可能源自原居地的母文化，如漳州、泉州、客家等之差异，体现的是文化传统的传承与延续。另一种看法则注重汉人移民在垦拓过程中面临不同的物质、经济环境自然也有不同的文化适应策略，这是一种环境适应的假设与解释，也与社会经济史有关。第三种可能性是考虑早期汉人移民与土著的互动，认为土著文化亦对汉人文化造成影响，在不同地区的不同文化融合过程中产生了不同的文化行为，这是一种文化接触与族群互动的假设与解释。"

10日，庄英章对田野调查的人类学问卷方法做了详细讲解（图5），参与者集中对台湾学者设计的三份问卷即主要报道人问卷、60岁以上男性问卷、60岁以上女性问卷展开讨论。

非人类学科班出身的参加者，首先要接受一场人类学问卷方法的突击训练（图6）。通过学习，掌握这门基本技能，才能完成合格的田野调查。同时，这是一场历史学和人类学的对话。人类学家田野调查的优势在于问卷调查，历史学家田野调查的专长是地方公私藏的历史文献的搜集解读。如何理解、承认、吸收对方的长处，如何在实践中交流互补，是个棘手的问题。

11日，美国学者、中国台湾学者一行在台湾研究所陈在正、

图 5　1989 年 11 月 10 日在厦门大学举行福建田野调查工作研讨会，庄英章宣讲问卷

图 6　研讨会会场一角。左起：曾玲、杨国桢、陈在正、石奕龙、郑振满

邓孔昭等陪同下到漳州，拜访漳州师范学院，与教师做了一次学术座谈，交流组织学生以问卷调查方法搜集地方资料的体会，参观了漳州市图书馆。12—14日，到南靖县、平和县田野调查点考察。15—16日，庄英章、潘英海、张富美折往漳浦，与人类学系的蒋炳钊、吴绵吉会合，考察漳浦县田野调查点，参观了赵家堡。17日，返回厦门大学。18日，开会检讨成果。晚上，我假普照楼设家宴宴请庄英章、潘英海、张富美、葛希芝（图7）。

图7　11月18日，招待田野考察归来的学者。前排左起：翁丽芳、葛希芝、张富美、庄英章、杨国桢。后排为杨蔚、杨宇。潘英海摄

20—25日，历史研究所的杨国桢、郑振满、曾玲，人类学系的叶文程、庄景辉、石奕龙，陪同武雅士、庄英章、潘英海到同安、泉州、安溪、惠安田野调查点考察（图8、图9、图10）。

26日，我陪同庄英章到福州，会见福建省社科联林子东、王碧秀、吕良弼等（图11），并到福建省档案馆询问查阅历史档案的手续。

在各田野调查点考察期间，三方学者进行了问卷调查的试

图8 11月21日，在同安县田野地点考察时合影。前排左起：一庄景辉、二杨国桢、四潘英海、五叶文程。后排：一石奕龙、三郑振满、四曾玲

图9 11月22日，考察泉州开元寺东西塔，杨国桢与庄英章在仁寿塔上留影

图10　11月24日，庄英章和武雅士在安溪清水岩考察留影。照片
庄英章藏

图11　11月26日，杨国桢与庄英章在福州会见林子东等

点，并根据实践经验对问卷做了改进。第一次合作研究取得圆满成功。

1990年上半年，福建12个田野调查组启动问卷调查。6月13—24日，我到龙岩西陂乡陈陂村做了2周的问卷调查（图12）。暑假时，我和丽芳回龙岩探亲，住挺秀酒店，又应校友长汀县人大常委会副主任李文生邀请，走访客家祖地，搜集了客家的文史资料（图13）。

图12　1990年6月在陈陂村调查时留影

8月初，美国学者武雅士、葛希芝、张富美、严棉与台湾学者庄英章、潘英海来闽，我带他们坐火车经漳平到龙岩，视察龙岩的田野调查点，然后他们分别到上杭、崇安、华安、惠安等地的田野调查点参观。送走他们后，我留下继续完成陈陂村的问卷调查。又到南阳坝与红坊镇政府联系，在镇民政所主任杨发先陪同下，到与永定县交界的联合村开展田野调查（图14）。

庄英章、潘英海、张富美到崇安县（今武夷山市），参观了档案局和田野调查点。然后转往福州市，参观福建师范大学、省

图 13　1990 年 6 月到长汀访查客家史料。左为李文生

图 14　1990 年 8 月在联合村调查，与干部、村民合影。照片杨发先藏

博物馆和省档案馆。

9月，三方学者在厦门大学集合，讨论田野工作中的初期收获及存在的问题。经过实践，福建的田野调查点也做了局部变更，最终确定36个田野点，其中有5个客家村、1个回族村、1个畲族村、3个莆田方言村、3个闽北方言村、23个闽南村：

闽北区：

　　崇安县武夷乡樟树村、黄柏村、岚谷村

闽西区：

　　上杭县湖洋乡岩头村、临城乡城南村、古田镇古田村

　　龙岩市西陂乡陈陂村、大洋村和红坊镇联合村

莆仙区：

　　仙游县枫亭镇下房村、荷珠村、和平村

闽南区：

　　惠安县崇武镇大岞村、崇武城内潮洛村、螺城镇西北街

　　晋江县深沪镇南春村、陈棣镇岸兜村、沙崛村

　　安溪县湖头镇、城厢乡、长坑乡

　　同安县西柯乡后田村、阳翟村、吕厝村

　　平和县大溪乡壶嗣村、五寨乡埔坪村、坂仔乡心田村

　　南靖县和溪乡、书洋乡、奎洋乡

　　华安县华封镇下村、新墟乡、马坑乡

　　漳浦县绥安镇、赤岭乡、佛昙镇

为办好这次三方合作事宜，不善管理和交际的我尽心尽力，家人也全力以赴，仍难免顾此失彼，还是当了一回"赔本的老板"。我的诚意朋友们并没有忘记。严棉回美国后于10月29日来信说："这次到福建做田野调查，真感谢您在各方面的协助和照顾，更谢谢杨夫人亲自下厨张罗大餐，使我和张富美教授大饱口福。在厦大最后一周，蒙令尊大人慨允做龙岩发言人，真是感激不尽。"

　　1991 年 2 月上旬，我到龙岩西陂乡大洋村，开始第三个田野调查点的问卷调查。3 月，武雅士将已完成的问卷送到台北民族学研究所，由研究助理在电脑上处理问卷中最重要的数据，制作各种表格。他和庄英章等讨论后，对如何编写田野调查报告提出一份暂定的大纲，作为指导性的文件。这份英文稿经我转发给 12 个田野调查点参加人员，征求意见和建议，以便 5 月他到厦门后一起讨论。大纲分为八章：一、历史背景；二、经济与生态；三、宗族与社区组织；四、婚姻与收养；五、家庭组织与性别；六、宗教与礼仪；七、亲属称谓与丧服；八、总结。他强调："所有的问题都应该根据三个田野点的异同来回答。这三个点有哪些相似之处？有哪些不同之处？为什么会有不同？这些都是基于相关主题提出的问题，应该牢记在心。大多数问题都可以通过问卷调查中提供的数据来回答，但是有些问题可能需要额外的实地调查。因此，最好把提纲看作是一种评估我们的价值和我们仍然需要做什么的方法。我希望 12 本专著都能有章节来讨论诸如地方史、地方经济、婚姻和收养等话题。但是，作者不需要以相同的顺序来回答这些主题提出的问题，也不需要把自己限制在大纲所包含的问题上。"

　　庄英章 4 月 1 日抵厦大，3—9 日由陈在正陪同到南靖奎洋访问，10—17 日到成都访问，18 日返厦大，19—25 日在陈国强陪同下到惠安崇武、大岞访问，27 日离厦返台。

　　5—6 月，武雅士来闽合作研究 6 周，和我们就编写各县田野调查报告的提纲展开讨论，并先后到上杭、龙岩、华安、安溪和南靖田野调查点访问各一周。5 月 18—24 日，我陪同武雅士在龙岩红坊镇联合村田野考察一周，武雅士亲自参与问卷调查（图 15、图 16）。

　　葛希芝于 5 月从成都来厦后，到同安田野调查点访问一周，并开展其他调研。

图 15　1991 年 5 月，武雅士（中）和杨国桢（右）在红坊镇联合村田野调查

图 16　1991 年 5 月，龙岩地市领导会见武雅士。前排左二龙岩地委副书记邱炳皓，左四地委秘书长林崇元。后排左一龙岩政协工委主任林金禄，右一龙岩市市长张俊华，右二龙岩地委党史研究室主任谢济堂

此后，福建各县田野调查全面展开，进入高潮。我于6月21—29日与8月5—16日两次赴龙岩，在大洋村做了9天和10天的问卷调查（图17）。10月14—18日，赴安溪县城厢乡、湖头镇、龙门乡田野考察5天。

图17　1991年杨国桢在大洋村调查

10月下旬，美国学者和中国台湾学者再次来闽参加田野调查。26日上午，我到机场接庄英章。11月2日12时，我到机场接武雅士，入住厦大专家楼。3日晚，我和翁丽芳宴请武雅士、庄英章，并邀来访的美国学者包筠雅（Cynthia J. Brokaw）、在我门下研修的美国高级进修生魏达维（David Wakefield）夫妇作陪。接着，4—13日，武雅士与庄英章分别去田野调查点考察。10日下午5时，我赴机场接葛希芝。12日武雅士、13日庄英章返回厦大。14日下午，武雅士、庄英章、葛希芝与福建各县田野调查负责人开会，对各田野调查点的进展表示满意。15日庄英章返台。12月1日下午，我到高崎机场送武雅士、葛希芝赴台北。

美国学者和台湾学者参与福建各县田野调查工作完满结束。

三、闽台社会文化比较研究工作研讨会

台湾学者实现到福建访问调查后，为了推进合作研究的水平，三方积极探讨福建学者到台湾访问调查、实现海峡两岸学者双向交流的办法。几经波折，终于在 1992 年春取得突破性进展。

1992 年 2 月 11 日，台湾"中研院"民族学研究所所长庄英章发函邀请厦门大学历史研究所杨国桢、陈支平，台湾研究所陈孔立、陈在正，人类学系陈国强、蒋炳钊六位教授于 6 月 1 日赴台参加"福建、台湾社会文化比较研究工作研讨会"。万事起步难，延至 6 月 20 日，除陈孔立外，厦大五教授经深圳、香港抵达台北。这是继大陆七位自然科学家访台后，首批大陆人文及社会科学学者集体访台，引起台湾舆论的关注。22—23 日，研讨会在民族学研究所第一会议室举行（图 18）。

图 18　1992 年 6 月 22 日，武雅士、庄英章与杨国桢在台北主持召开第一次闽台社会文化比较研究工作研讨会，杨国桢在开幕式上致辞

　　参加研讨会的有美国学者武雅士、张富美、严棉、魏捷兹（James Russell Wilkerson，新竹清华大学社会人类学研究所副教授）、台湾学者李亦园、庄英章、潘英海等。这次研讨会提交的论文有 10 篇，即杨国桢的《龙岩陈陂村家庭的调查与分析》、陈国强的《惠安县崇武城内外的"夫人妈"信仰》、蒋炳钊的《漳浦的鬼灵及祖先崇拜》、陈在正的《耕读家风与南靖龟山庄氏宗族的发展》、陈孔立的《闽台丧俗比较研究》、陈支平的《崇安县黄柏村的婚姻形态》、庄英章的《竹山民族志调查报告》、潘英海的《大内民族志调查报告》、张富美的《福建田野访查的经验与额外的收获》、魏捷兹的《中华帝国晚期的国家体制与人观：澎湖村的个案》。陈孔立因故未能出席，论文印发但未讨论。

　　会后闽台学者赴田野工作地点考察，美国学者张富美、魏捷兹、丁荷生（Kenneth Dean）同行。24 日上午，抵竹北市竹北乡的六家参观"林家祠""大夫第""问礼堂"，至新竹市新埔乡枋寮的"义民庙""义民冢""褒忠亭"（图 19）；下午访北埔乡的"天水堂""金广福公馆"和新竹清华大学人文社会学院（图 20）。

　　25 日上午，参观台中县大甲镇的"镇澜宫"，神冈乡"岸里大社"旧址和"万兴宫"。下午，经台中市到台中县雾峰乡，探访雾峰林家（图 21）；赴南投县中兴新村，参观台湾省文献委员会特藏室的日据时代台湾"总督府"和专卖局档案。

　　26 日上午，考察南投县竹山镇社寮的"招富公祖庙"和"开漳圣王庙"。下午，考察台南县东山乡东河村的"大公界"、大内乡头社的"太上龙头忠义庙"（图 22），造访成功大学。

　　27 日上午，与成功大学历史学系涂永清、黄典权、丁煌、何培夫诸教授座谈，并参观"延平郡王祠""安平古堡""亿载金城"（图 23）。下午，启程返回台北。

　　1993 年 2 月，庄英章到惠安县田野调查（图 24）。

　　1993 年 5 月，第二次闽台社会文化比较研究工作研讨会在台

图 19 考察台湾田野调查点新竹市新埔乡枋寮，拜谒"义民冢"。左起：丁荷生、魏捷兹、杨国桢、张富美、陈国强

图 20 访新竹清华大学

图 21　访雾峰林家

图 22　考察台南县大内乡头社"太上龙头忠义庙"

图 23　考察台南"亿载金城"。左起：陈在正、蒋炳钊、杨国桢

图 24　1993 年 2 月 3 日，庄英章在惠安县与蔡永哲（前排右一）等座谈。照片庄英章藏

湾宜兰县玉尊宫文化中心举行。玉尊宫位于宜兰县冬山乡草湖山麓，1983 年在正殿前左右两侧建立苍龙、白虎两座三层楼，开放接待大型会议。李亦园曾于 1985 年在此主持过"民间宗教仪式研讨会"，与该宫管理委员会交谊颇深，因此第二次闽台文化研讨会在此召开。参加研讨会的有美国学者武雅士、严棉、魏捷兹、康豹（Paul R. Katz）、台湾学者李亦园、曹永和、庄英章、潘英海、余光弘、何国隆，厦大学者杨国桢、陈在正、邱松庆、郑振满、曾玲、周翔鹤、吴绵吉、庄景辉、曾少聪、石奕龙。提交的论文共 18 篇，如：杨国桢的《明清福建土地契约租佃的民间俗例》，邱松庆的《福建客家婚俗及其特点初探》，郑振满的《仙游沿海的生态环境与人口变迁》，曾玲的《华安县马坑婚姻形态与家庭关系研究》，周翔鹤的《南靖县和溪、奎洋等地单姓区域形成的探讨》，吴绵吉的《福建几何印纹陶遗存与闽越族》，庄景辉的《陈埭丁氏回族汉化研究》，曾少聪的《客家话与闽南话的接触——以平和县九峰客话为例》，石奕龙的《同安吕厝村的王爷信仰》；庄英章、武雅士的《台湾北部闽、客妇女地位与生育率——一个理论假设的建构》，严棉的《历史音变作为闽方言分支的标准》，康豹的《屏东县东港镇的建醮仪式》，李亦园的《章回小说〈平闽十八洞〉的民族学研究》，潘英海的《文化合成与合成文化——头社村太祖年度祭仪的文化意涵》。

我们 5 月 20 日下午 4 时 20 分从香港启德机场乘华航 C1608 航班飞往台北，5 时 35 分抵桃园机场，潘英海、何国隆、余光弘等来接，至南港共进晚餐，入住"中研院"学术活动中心。21 日下午赴民族所，讨论活动安排，出席鸡尾酒会，赴学术活动中心晚宴。22 日上午，吴凤仪陪同参观台北故宫博物院。下午 5 时，坐 270 路公交车到仁爱路庄英章寓所赴宴（图 25）。

5 月 27 日 9 时，与会学者从台北南港"中研院"动身，乘车赴宜兰县冬山乡草湖山玉尊宫，12 时半到，入住文化中心白虎

图 25　1993 年 5 月 22 日，在台北赴庄英章家宴。前排左起：庄英章夫人陈素华、陈在正、曾玲。后排左起：石奕龙、周翔鹤、邱松庆、庄景辉、庄英章、曾少聪、杨国桢、吴绵吉、郑振满

楼。下午，闽台社会文化比较研究工作研讨会在苍龙楼三楼会议厅召开（图 26）。28—29 日继续研讨（图 27）。

29 日晚，下山在梅花湖上开综合讨论会（图 28）。

30 日上午 8 时离玉尊宫，经三清宫，参观宜兰市运动公园（图 29）、文化中心、戏剧馆、县史馆。

下午 2 时，厦大学者在潘英海陪同下乘中巴南下，沿途参观太鲁阁、花莲市（图 30），在"陶然亭"用晚餐后继续夜行，至小港口村住宿。

31 日上午，7 时半从小港口村出发南下，经台东县前往屏东县恒春半岛的垦丁。6 月 1 日上午，从垦丁北上，经高雄到台南，参观安平古堡，在路边摊吃午餐后即行，下午 7 时抵达台北"中研院"。

图26　在台湾宜兰县玉尊宫第二次闽台社会文化比较研究工作研讨会
上。主持人康豹

图27　玉尊宫会场一角。二排左一武雅士，前排左起：严棉、曹永和、
杨国桢

图 28　在梅花湖上，右为曹永和

图 29　参观宜兰市运动公园。二排左三李亦园，三排右一武雅士

图 30　潘英海陪同厦大学者行走台湾东海岸途中。左起：石奕龙、郑振满、潘英海、曾玲、杨国桢、吴绵吉、庄景辉、邱松庆、周翔鹤

　　1994 年 6 月 1—3 日，第三次闽台社会文化比较研究工作研讨会在台北举行。提交的论文有 25 篇，如：林汀水的《略论福建聚落分布的发展变化》，余光弘的《澎湖移民与清代班兵》，陈祥水的《屏南村的土地利用——农业变迁和适应策略》，严棉的《福建台湾地区闽南方言口语亲属称谓的比较研究》，郑萦的《移民与方言之演变》，庄孔韶的《近四十年"金翼"黄村的家族与人口》，庄景辉的《陈埭丁氏回族婚姻形态的历史考察》，庄英章、许书怡的《神、鬼与祖先的再思考——以新竹六家朱罗伯公崇拜为例》，陈志荣的《噶玛兰人的治病仪式及其变迁》，游谦的《宿命与非宿命——以宜兰地区神明收契子为例》，邓晓华的《闽客若干文化特征的比较研究——以同安西柯闽南社区和南靖塔下客家社区为例》，蒋炳钊的《试论客家的形成及其与畲族的关系》，潘英海的《"在地化"与"地方文化"——以"壶的信仰丛结"为例》，陈小冲的《宗族势力与明清闽南农村社

会》，王铭铭的《历史、人情与互惠——闽南两村互助与福利的民间模式》，郭志超的《闽客民俗宗教的比较研究》，曾少聪的《闽西客话与闽南客话比较研究——以长汀客话和九峰客话为例》，钟幼兰的《台湾民间社会人群结合方式的构成与发展——以台中县神岗乡大社村为例》，梅慧玉的《"交陪境"与礼教——以台南市安平区的二次醮仪为例》，高怡萍的《民间宗教中兵马仪式的地区性差异——以金门与澎湖的镇符仪式为例》。我因在英国牛津大学客座研究未归，没有参加。

三次工作研讨会后，庄英章和潘英海教授将相关研究论文选编为《台湾与福建社会文化研究论文集》三册，分别于 1994 年、1995 年、1996 年由台湾"中研院"民族学研究所出版。

四、华南农村社会文化田野调查研究

1994 年以降，由于田野调查经费获台湾"蒋经国学术交流基金会"的支持，三方继续合作，开展为期 2 年的华南农村社会文化田野调查研究。合作的学术单位，台湾地区增加了新竹清华大学社会人类学研究所，大陆方面增加了广东中山大学人类学系、上海社会科学院社会学研究所和历史研究所，以及复旦大学社会学系、历史地理研究所、国际政治学系。田野调查点从福建省延伸到广东、江苏、浙江及上海等省市农村，每个县（市）选择一两个村，分别对 35 岁以上男女各 50 人进行问卷调查。研究的年代从 1949 年以前的传统社会延伸到改革开放以来的当代社会，研究的主题也增加了当前农村社会的家庭企业经营与现代化适应、妇女工作、婚姻与宗族的变迁等等。各田野调查点负责人如下：

福建省：

长汀县河田镇蔡坊村——杨国桢

闽清县云龙乡台鼎村——陈在正

宁化县禾口乡石壁村——陈国强

宁德市金涵乡金涵村——蒋炳钊

建瓯县川石镇厚山村——陈支平

连江县埔口镇官岭村——郑振满

厦门市杏林镇新垵村——周翔鹤

广东省：

潮州市溪口管理区凤凰村——周大鸣

上海市：

松江县田渡滨村、朱龙村——上海社科院社会学所

浙江省：

东阳县古渊头村、洪塘村——周振鹤

丽水县镇梁村、保定堰头村——孙慧民

平阳县腾蛟镇联源村——钱杭

江苏省：

武进县灵台村——臧志军

金坛县城东乡小堰村——？

江阴县青阳镇塘头桥村、华士镇华中村——谢遐龄

在田野调查期间，我和曾少聪陪同庄英章到长汀县调查点河田镇蔡坊村考察。事毕，我陪庄英章从龙岩去潮州。那时从龙岩到潮州的长途班车只能从漳州中转，我们包了一部小汽车，抄近路从龙岩经永定县进入广东省大埔县前往潮州，可省三分之一的路程。不料大埔至潮州间的公路正在拓宽改造，尘土飞扬，边走边停，到下午始达潮州，我们一身灰尘，连头发都被染白了。中山大学周大鸣接庄英章去凤凰村考察，我独自从潮州乘班车返回厦门。

这波田野调查结束后，召开一次"华南农村社会文化研究工作研讨会"。其中较具代表性的论文 16 篇，收入庄英章主编的《华南农村社会文化研究论文集》，1998 年 3 月由台湾"中研院"

民族学研究所出版。其中，厦门大学学者的论文有：杨国桢的《华南农村的"一田二主"：闽西汀州与台湾的比较》，陈在正的《闽清云龙乡徐黄宗族的发展及向海外移民》，蒋炳钊的《畲汉文化互动与融合：福建漳浦赤岭和宁德金涵的例子》，陈支平的《闽北建瓯厚山村的三圣公王庙》，周翔鹤的《理性或非理性：关于传统闽南妇女生育行为和生育率的一些观察和分析》，邓晓华的《论闽客族群方言文化研究中的几个问题》，曾少聪的《从民间习惯法看村民的生活方式：一个闽西客家村落的例子》。

田野调查结束后，福建的问卷一律送到台北，利用最新的电脑技术进行数据生成和分析。我们在 1996 年才收到处理好的各种数据，并开始编写研究报告，但由于种种原因，只有少数人写出田野调查报告呈送三方负责人，大多数没有编写完成和提交，以致出版丛书的计划落空。

五、闽台社会文化比较研究的历史定位

刘永华的《历史学家的人类学与人类学家的历史学》指出："不同的学科、同一学科内的不同学术传统，对历史人类学有着不尽相同的理解，形成了各自的学术特色。中国历史人类学发展的契机，除了借鉴西方相关研究的成果之外，更在于从本土学术传统中，探索出自身发展的路子。"

现在回想起来，我们参与闽台社会文化研究合作项目的实践，从学术史的角度看正是厦门大学人文学术传统的延伸。

厦门大学建校之初，即在师范部下设立文科。1921 年 11 月，师范部改为教育学部，文科改为文学部。1922 年秋，黄开宗为文学部主任。1923 年春，改各部为科，文学部复称文科，文科内分国学、外国语言文学、哲学、历史社会学、政治经济学五系；1924 年夏教育学系、商学系、新闻学系并入，计辖八系。1926 年秋科系调整，文科仅辖国学、外国语言文学、哲学、历史社会

学四系，增办国学研究院。黄开宗调任法科主任，林语堂为文科主任兼国学院秘书，徐声金为历史社会学系主任。1927 年春，林语堂等辞职，国学研究院停办，副校长张颐兼任文科主任。1929 年秋，张颐离职，徐声金为文科主任兼历史社会学系主任。1930 年春，文科改为文学院，徐声金任院长兼社会学系主任，薛永黍为历史系主任。1934 年春，历史、社会两系复合，徐声金院长兼系主任。1936 年，李相勖为文学院院长，徐声金仍为历史社会学系主任。

历史社会学系创立以来，注重历史学与社会学协调发展，关注公私历史文献和文物、语言、风俗习惯的社会调查。国学研究院内成立"风俗调查会"，发起征集本省家谱和民族资料，搜罗风俗物品，调查记录各地古迹古物：本省民族迁移及土地开拓的传说、史迹；海神、土地神及洛阳桥等的传说；朱子、郑成功、郑和及倭寇的传说、遗迹与记载；歌谣、谜语、绕口令、歇后语；儿童故事及游戏；福建省富有地方性的戏剧及其剧本等。主要学术成果有林语堂的《平闽十八洞所载古迹》、张星烺的《泉州访古记》、顾颉刚的《泉州的土地神》《天后》、陈万里的《泉州第一次游记》。先辈们开启的重民间文献、重社会调查的学术风气，为厦门大学文科的百年发展树立了方向和标杆。

踵武其后，为厦门大学人文学术传统扎根和传承做出杰出贡献的优秀代表，是本校培养的毕业生林惠祥、叶国庆、傅衣凌。林惠祥、叶国庆都出生于 1901 年，是厦门大学第一届学生。林惠祥于 1926 年 6 月毕业于文科社会学系，后到菲律宾大学攻读人类学硕士学位。1928 年学成回国后，受聘于中央研究院民族学组助理研究员、研究员。1931 年回母校厦门大学任文学院社会学系副教授。1936 年任文学院文化陈列所主任、人类学教授。1937 年代理历史社会学系主任。7 月抗战军兴，流亡南洋。1947 年秋重返母校，任文学院历史系教授。叶国庆 1926 年 6 月厦门大学文科教育学系毕业后，留校预科任国文教员。1930 年 9 月考入燕京大学研究院历史部，师从顾颉刚、许地山攻读历史学硕士学位。1932 年毕业后返回厦门大学，任预科和附设高级中学国文教员、文学院历史社会学系中国历史讲师。1937 年底至 1945 年随厦门大学内迁长汀办学，1940 年 10 月起任文学院历史系副教授，1945 年代理历史系主任。日本投降后复员回厦门办学，1946 年起任文学院历史系教授，1948 年起再次代理历史系主任。傅衣凌 1911 年生，1930 年春以特别生入厦门大学文学院，1934 年 1 月毕业于史学系，1935 年东渡日本留学法政大学研究院。1937 年 6 月回国后，先后任职于福建省银行经济研究室、协和大学、福建省研究院社会科学研究所，以倡导中国社会经济史研究名世。1949 年 11 月—1950 年 7 月，厦门大学由军代表领导，叶国庆任文学院历史系代主任。1950 年 7 月，王亚南接掌厦大，结束军管，院系调整，文学院与法学院合并为文法学院，林惠祥任文法学院历史系主任。1950 年 8 月，傅衣凌返回母校，任文法学院历史系教授。1952 年 9 月到 1966 年，傅衣凌任历史系主任。1954 年从二年级起设置中国经济史专门化，1962 年增设考古民族学专门化。

林惠祥、叶国庆、傅衣凌三位先生，在学问上不拘泥于学科本位，讲求历史学、人类学、民族学、社会学、考古学、民俗学等不同学科的会通，并在具体研究中做出了出色的表率。林惠祥先后出版《世界人种志》《民俗学》《神话论》《文化人类学》《中国民族史》等著作，其研究跨越人类学、民族学、民俗学、考古学等多门学科。叶国庆传承林语堂、顾颉刚的学术理路，关注地方社会文化，调查漳州民俗，1935 年发表《平闽十八洞研究》。傅衣凌本科接受历史学科班训练，研究生期间在日本接受社会学训练，回国后主攻社会经济史，先后出版《福建省农村经济参考资料汇编》《福建佃农经济史丛考》《明代江南市民经济初探》《明清商人及其商业资本》《明清农村社会经济》《明清社会经济史论文集》等著作。他的研究注重以民间文献证史，以社会调查所得资料证史。三位先生主政历史系期间，都以个人的学术魅力引领学科发展的新方向。参与闽台社会文化研究合作项目的厦门大学成员，都是他们的学生，因此也理所当然地担负起学脉传承的角色。

我们参与闽台社会文化研究合作项目的实践，也是改革开放新时代的产物。拨乱反正之后，厦门大学成立历史研究所、台湾研究所、人类学研究所，在继承传统的基础上提供了学术创新的新平台。1981 年，专门史（中国经济史）成为中国首批博士学位授权点。1988 年，专门史（中国经济史）被评为全国首批重点学科。在傅衣凌等老一辈学者的引领下，厦门大学历史系明清史学者的研究，继承、发展了开展田野调查、搜集民间文献的学术传统，强调打通经济生活与社会生活，注重普通民众的社会经济生活在历史进程中发挥的重要作用，出版《明清福建经济与乡村社会》《明清土地契约文书研究》等论著，成为中国史学界风格较为鲜明的学术群体。凑巧的是，自 60 年代后期起，台湾人类学从较为偏重边疆民族研究，转而开始倡导汉人社会研究，并针对汉人社会长期使用文字、历史文献较为丰富的特点，注重在开展田野调查的同时搜集、解读历史文献，形成了过程重构与结构分析兼顾、历史与现实并重的学术风格，与厦门大学历史系的学术传统颇有契合之处。这就使中国传统农村社会文化研究的两岸合作变为可能，并达到前辈未曾企及的高度，这既有学术实力的支撑，也有学术共识的基础。我们有幸躬逢这个伟大时代，参加这项研究，为中国特色的社会经济史学与人类学的学科及学术知识体系建设、理论和方法的探索、优秀青年人才的培养贡献心力，提供了新的方向和经验。

承上启下，这就是我们的历史定位。如今 30 年过去，一代新人换旧人。越过时光，讲述这段故事，致敬当年参加这个项目的中外学者，致敬已经作古的武雅士、李亦园、陈国强、蒋炳钊、潘英海、郭志超、邱松庆、叶文程先生，追寻当年的行迹，探问他们的智慧，得到启发，受到鼓舞，还是很有意义的。

第一章 历史背景

第一节 环境与地方社会变迁

1990 年的龙岩市，是闽西政治、经济、文化中心，龙岩地区的首府①。它的地位是历史发展的结果。调查研究龙岩民间社会文化，有必要对环境和地方社会的历史变迁作一概述，揭示它的个性特征，找出形成和影响地方传统文化的基本因素。

一、闭塞的山区环境

在古代，自然地理环境对地方社会的发展形成结构性的限制，制约社区成长的规模和速度、社区与外界的联系。

龙岩位于福建省西南部，境域介于北纬 24°45′至 25°35′、东经 116°4′至 117°20′之间，总面积 2677.77 平方公里。东邻漳平，西接上杭，北界连城、永安，东南与南靖交界，西南与永定毗连。从地理上看，它是一个典型的山区。

龙岩境内崇山起伏，山地多，平地少，山地、水域、耕地面积的比例为 91∶2∶7，属闽西山地的南缘。境域四周，大部分被 800 米以上山岭阻隔。北部的玳瑁山脉、中西部的采眉岭山脉，把龙岩和闽西汀江流域的山区隔开；而东南部的博平岭山脉，又把它和闽南平原隔开。三列山岭将境内隔成两条带状分布的河谷

---

① 1997 年，龙岩地区改为龙岩市，原龙岩市改称新罗区。本书大体上仍按田野调查时的行政区划叙述，以存历史原貌。

盆地——万安溪河谷盆地和雁石溪河谷盆地。

万安溪和雁石溪是九龙江上游两大支流。万安溪（霍溪）主要由发源于上杭县境内的麻林溪、发源于连城县境内的茜竹溪和董邦溪（小溪）在涂潭汇集而成，此下可通木船，在龙岩的流域面积为859.5平方公里。

雁石溪上源为龙门溪（小池溪）、董邦溪、丰溪（东肖溪和红坊溪），在龙岩盆地汇集为龙川，向东流往漳平，在龙岩的流域面积为1447.7平方公里。雁石溪干流和支流造成一串大小盆地，最大的是龙岩盆地（即龙岩市区和附近乡镇），南北约5公里，东西约13公里，面积50.1平方公里。次为红坊盆地（即红坊镇所在地和附近村庄），南北约8公里，东西最宽处2公里，面积10.4平方公里；雁石盆地，面积9.4平方公里。

此外，本境东部的枧坑溪等小溪，往东注入漳平拱桥溪，汇入九龙江东溪水系；南部的柳溪、内田溪，往南流向南靖，汇入九龙江西溪水系。柳溪流域形成长条形的适中盆地，南北向约7公里，东西最宽处1.2公里，面积4.9平方公里。

属于汀江水系的，有大池溪（九曲溪），源于上杭东部的蛟洋、古田、步云，出苏家坡入龙岩西北部的大池，复由大池折流回上杭境内，汇为汀江支流黄潭河，在龙岩境内形成大池盆地，东西约7公里，南北最宽处2公里，面积约6平方公里。红坊南部悠远溪，发源于村头山，出村尾入永定的富岭、坎市，为汀江支流永定河的上源之一。

九龙江和汀江水系上游的大小盆地，适宜发展农业和人类居住生息，龙岩古老的文明发生在这里，传统时代的农业区、现代的城市和主要乡镇也集中在这里。而耸立于四周的山岭，虽蕴藏着丰富的矿产资源，覆盖着森林，但历来对山地自然体的开发利用极为有限，除了零星的小聚落外，大片是无人居住的地区。

龙岩盆地、红坊盆地、雁石盆地和适中盆地，历史上吸纳了龙岩的大部分人口。河流仅万安溪和龙川可以分段行驶小型木船，通过水路和外界联系的范围局限于九龙江水系中下游的闽南漳州地区。传统的陆路交通，只有通往四周邻县的山间驿路古道，运输全靠肩挑背负。直到民国九年（1920 年），始辟溪南至崎濑一段公路。民国十六年（1927 年）后，续修龙岩至龙门、龙门至永定坎市、龙岩至厦老等路段。民国二十一年（1932 年）修通漳州至龙岩公路，二十三年（1934 年）修通龙岩至长汀公路。至此，龙岩与漳州、长汀间才有公路贯通。但到 1949 年，龙岩全县只有 12 辆汽车，仅漳州至龙岩一线通车，货物运输仍以肩挑为主，对外交通联系仍十分薄弱。

闭塞的山区环境，使龙岩长期处在以漳州为代表的闽南文化和以长汀为代表的闽西客家文化辐射的边缘区。社会文化既受双方的影响，又具有相对的独立性和保守性。

二、原住民与汉族移民

距今 1 万年前，龙岩就有人类生息。考古工作者在适中盆地适中镇中溪村龙埔自然村临近小溪的山腰上，发现距今 8000 至 1 万年前的旧石器文化遗址一处，先后采集到石钻、凸刃削刮器等石器 12 件；在龙岩盆地的登高山、天马山、曹溪后家村、龙门赤水，红坊盆地的东埔、公王山，雁石盆地的雁石、厦老、苏坂、瓦洋、白沙，大池盆地的南燕等地，发现距今 2000 至 7000 年前的新石器、青铜时代文化遗址 50 余处，采集到石锛等石器、印纹陶和其他器物。龙岩远古的居民，有人推测是“元谋猿人”后裔经广东韩江迁入的，但尚未得到证实。他们在龙岩生息繁衍，演变为什么族群，也没有文献资料可证。一般认为属于“七闽”的一支，战国中期以后和南迁的古越族接触、结合，逐渐衍化为闽越族。

西汉时，龙岩是闽越国的辖地。汉武帝征闽越，打通从虔州

（今江西赣州）到闽西的道路以后，北方南迁的汉人才逐渐迁入。
到西晋太康三年（282年）设立苦草镇，龙岩盆地出现初具规模
的汉人聚落。唐开元二十二年（734年）置县，名为新罗（或作
杂罗），可以推测汉族移民还处于少数的地位。唐代龙岩山地散
居着被称为"蛮獠"的峒民，宋以后称之为"瑶"和"畲客"。
清人杨澜在《临汀汇考》中说"间有百家畲洞，踞龙岩、安溪、
南靖、龙溪、漳平五县之交"。乾隆《龙岩州志》记载，龙岩山
高溪深处的"畲客"，有蓝、雷二姓，"随山种插，去瘠就腴，
编荻架茅为居。善射猎，以毒药涂弩矢，中兽立毙。贸易商贾，
刻木大小短长为验。其酋魁亦有辨华文者，山中自称狗王。后各
画其像，犬首人身，岁时祝祭。族处喜仇杀，或侵负之，一人讼
则众人同，一山讼则众山同。明设抚瑶土官，令抚绥之，量纳山
赋。其赋论刀若干，出赋若干。或官府有征剿，悉听调用。后抚
者不得其人，或索取山兽皮张，遂失赋，官随亦废，往往聚众为
患。如元时南胜李志甫之乱，非瑶人乎？今山首峒丁俱受约束，
散处各山，无足虑尔"①。这种"畲客"，应是今天所称的畲族，
在清乾隆年间还有一定的数量。但到200多年后的今天，龙岩已
经没有畲族的村落了。

　　唐代龙岩的"蛮獠""峒民"到明清的"瑶人""畲客"，
究竟是原住民的遗子，还是外地迁来的少数民族，迄无定论。但
"蛮獠""畲客"从主体地位退居少数地位以至消失，是汉族移
民大批涌入、族群接触互动的结果。"蛮獠""畲客"和早期汉
族移民相遇，发生文化接触以后，一部分被消灭，一部分无规则
地向外流徙，一部分融合、涵化，多少留下一些文化痕迹。比如
现今各地畲族相传的祖先发祥地广东潮州凤凰山一带，有自称来

---

① 乾隆《龙岩州志》卷12《杂记志·畲客》，福州：福建省地图出版社，1987
年，第314页。

自龙岩者①。这一口碑传说的诠释，不论是指龙岩"蛮獠""峒民"西迁凤凰山而形成畲族，还是指凤凰山畲族东迁龙岩后有一支回流到祖地，都反映了他们曾从龙岩向外地流动的事实。又如明代万历十七年（1589 年）任龙岩知县的吴守忠在《六议》中提到"造蓄蛊毒"之俗："凡谋财报怨，匿于饮食，有近发者，有久乃发者。发则万虫入肚，百医难治。其性嗜杀，久蓄不用，尤多反噬。"② 清代乾隆《龙岩州志》记"岩俗多讼蛊"："蛊虫北地所无，……中其毒者，绞痛吐逆，十指俱黑，嚼豆不腥，含矾不苦，……其毒远发一载，近发一时。……又有金蚕毒，……毒人必死，能图他人财物，故祀之者多致富。"③ 至今龙岩民间还保留"施金蚕（毒）"的用语。这种习俗，不是"蛮獠""畲客"汉化后的遗存，便是汉族早期移民从"蛮獠""畲客"文化中吸纳进来的。

现代龙岩人的祖先，据载是唐代以后陆续迁入的。民国三十四年（1945 年）编纂县志时的族谱调查显示，唐代始迁龙岩的有 5 姓，宋代始迁 17 姓，元代始迁 19 姓，明代始迁 35 姓，清代始迁 15 姓。④ 详见表 1。

表 1　汉族各姓迁入龙岩情况

姓氏	迁入年代	迁出地点	居岩代数
谢	唐初、元明清	固始、宁都、长汀	46

---

① 如朱洪、姜永兴著《广东畲族研究》（广东人民出版社 1991 年版）第 4、5 页载：潮州"凤南区碗窑畲族乡畲族，73 户、351 人，蓝姓，由福建龙岩县金姜坑石壁下迁此，时间不详"；"文祠区李工坑畲族乡畲族，107 户、515 人，雷姓，由福建漳州龙岩县迁来，时间不详"。
② 乾隆《龙岩州志》卷 13《艺文志一》，第 335 页。
③ 乾隆《龙岩州志》卷 12《杂记志·述异》，第 312—313 页。
④ 同书卷首图例《历代疆域变迁图》上则称：唐代 4 姓、五代 4 姓、宋代 19 姓、元代 7 姓、明代 32 姓、清代 7 姓。

续表

姓氏	迁入年代	迁出地点	居岩代数
范	唐初、宋初	连城、宁洋	37
翁	唐	福州、沙县	32
姜	唐	徐州	30
徐	唐末、宋初	临川、浦城、连城、武平	30
林	宋元明清	福州、泉州、兴化、邵武、平宁、连城	38
苏	宋元明	同安、永定、江苏、江西	32
陈	宋元明清	河南、漳平、连城	30
邓	宋元明	江西、漳平	30
黄	宋中	漳平、连城、漳州、邵武	30
连	宋乾道间	尤溪、连城	28
曹	宋元明	南汀州	27
王	宋末	永定、漳州	26
罗	宋末、元明清	连城、沙县、延平	26
罗陈	宋元	临川、浦城、连城	25
章	宋中	浦城、建瓯、吉安	25
汤	宋元丰间	龙溪云岭兜	25
刘	宋元明	庐陵、漳平、江陵、杭州、梅县	24
饶	宋末	江西	24
张	宋元明清	连城、上杭、吉安、泉州、莆田、永定	23
杨	宋元明	江西、广东、四川、宁化、连城、泉州	22
温	宋、明	连城、宁化、上杭	21
方	元初	漳州	30

姓氏	迁入年代	迁出地点	居岩代数
曾	元末明初	上杭、镇海、晋江	28
吴	元末、明清	河南、漳州、泉州、连城、宁洋	26
蒋	元初	浙江、福州、漳州	26
郭	元、明初	安徽、江西、大田、连城	25
魏	元末明初	福州、长乐	25
廖	元初	宁洋、上杭、永定	25
江	元中	镇海、连城、漳州、永定	24
詹	元大德间	永丰十三都	24
吕	元初、清中	漳平	23
董	元末明初	未详	23
丘	元末	石城	23
池	元末、明末	连城曾屋下平坑	22
戴	元中	漳州、连城	21
许	元初	镇海、漳平	20
杜	元至治间	福州	20
卢	元末明初	永定	20
欧	元末	南京	20
胡	元末	永定	15
朱	明初	南京、宁化	25
潘	明初	龙溪	25
赖	明	上杭、永定	24
郑	明初	武陵、桃源、漳州	24
尹	明初	漳州	24

续表

姓氏	迁入年代	迁出地点	居岩代数
高	明末清初	四川、上杭	24
李	明清	漳平、江西、上杭	23
蔡	明初、清初	河北、广东、闽南	22
何	明末清初	大埔、梅县、漳州、镇海	22
段	明初	山西	22
姚	明末	浙江	22
倪	明初	四川、江西、漳州、将乐	21
韩	明永乐间	庐江	21
石	明清	镇海、梅县、武平	21
滕	明初	宁化	20
邹	明初	永福、上杭	20
游	明中	漳平、永定	20
洪	明初	泉州、漳平、海澄	19
余	明末清初	南京、江西	19
施	明中	延平、漳州	19
袁	明永乐间	湖南	19
傅	明宣德间	抚州、临川	19
萧	明初	连城	18
华	明洪武间	上杭	18
涂	明末	汀州、连城	18
冯	明	福州	15
陆	明末	平原	15
柯	明	漳州天宝、江西	15

姓氏	迁入年代	迁出地点	居岩代数
竭	明中	漳平永福	15
易	明初	漳平	14
颜	明末清初	山东、浙江	14
赵	明中	镇海	13
宋	明末	河南	13
毛	明末	漳州角美	13
阮	明末清初	永定湖雷	10
叶	清初	永春、漳平、武平、仙游	18
麻	清	未详	14
童	清初	南靖	14
路	清雍乾间	漳州	11
雷	清中	蕉岭	10
周	清初	江苏、上海	9
俞	清乾隆间	永定、宁洋	9
沈	清中	浙江、漳平、永定	8
梁	清中	梅县	7
尤	清中	漳平永福	6
程	清末	安定	5
唐	清	太原	4
侯	清末	武平	4
孙	清同治间	赣县	4
钟	清末	梅县	3

资料来源：民国34年修《龙岩县志》卷4《氏族》

以上统计并不全面、准确，如俗传唐时入岩有卢、翁、苏、柯四大姓，五代入岩有李、林、董、张四大姓，就与此不同。但把它看作龙岩传统社会汉族移民的发展趋势，不失为有用的资料。

龙岩各姓的迁入，大多是多次性的，因而同姓具有多元的血缘系统、不同的宗族关系。而且，大多不是直接从中原迁来的，而是从邻省或本省转徙而来。移动的主要途径，是沿汀江水系由北向南，或沿九龙江水系由南向北。迁入姓氏最多的时期是自宋到明；他们带来的汉族文化，不是纯粹的中原文化，而是其分支，即和福建土著接触互动形成的闽南文化和客家文化。龙岩传统文化从主体上看是闽南文化与客家文化的结合，突出表现在龙岩方言是闽南话与客家话的合成，这正是汉族移民来源的历史特点造成的。

三、行政建置的变迁

龙岩的行政建置，经历了镇→县→州→县→市的演变过程。西晋太康三年（282 年）置苦草镇。唐开元二十二年（734 年）置新罗县（一作杂罗县），天宝元年（742 年）改称龙岩县。清雍正十二年（1734 年）升为直隶州。民国二年（1913 年）复为县。1981 年改县为市。

龙岩建县以后，地域范围几经变动，先后析地置上杭、南胜（今南靖）、漳平、宁洋等县，到明隆庆以后才基本稳定下来，只在边界乡村与邻县互有局部调整。

龙岩的行政隶属，除清雍正十二年至民国元年（1912 年）的 169 年间为省直隶州外，曾在归属闽南行政区与闽西行政区之间变动：唐开元二十二年（734 年）至大历十一年（776 年）隶属闽西的汀州，共 42 年；唐大历十二年（777 年）至清雍正十一年改隶闽南的漳州，共 965 年。

龙岩长期归属闽南行政区域，与和九龙江水系相连接、受闽南文化的影响较强有关。但"山深箐密，去府（漳州）三百余里"①，行政管辖鞭长莫及，以致"化不易行，泽不下逮"②，始终只是闽南文化辐射的边缘区。清代龙岩脱离漳州，既有加强行政控制的需要，也有文化上的理由。

民国以来，特别是1929年"红旗跃过汀江，直下龙岩上杭"创建闽西革命根据地之后，龙岩是中共闽西特委和游击队活动的中心。1933年十九路军发动"闽变"，成立中华共和国人民革命政府，在闽西设"龙汀省"。而国民党封锁和围剿闽西，也把龙岩作为指挥中心和前进基地。这使龙岩和旧汀州府客家地区的政治关系进一步紧密起来。20至30年代公路开辟后，汀江水运衰落，龙岩成为闽西经济中心和对外交流枢纽。龙岩在行政建置上划归闽西，并且取代长汀成为闽西首府。

第二节　中心区和边缘区的乡村

环境与地方社会的变迁，对龙岩民间传统文化起着重要的影响，同时也造成了它的内部地域差异。

龙岩盆地生态环境最为优越，是原住民的主要生息地，又是汉族移民最早入垦的地区。盆地中部的苦草岭一带最先发展，成为行政中心，是历代县治、州治、市治所在。从这里向周边伸展的龙岩盆地、红坊盆地和雁石盆地，是经济和社会发展的中心区。在中心区范围内，人们使用相同的龙岩方言，生产、生活的习俗相同。研究龙岩民间社会文化，必须以龙岩盆地为代表。

在中心区的外延地域，即西北部的大池盆地、东北部的万安盆地、南部的适中盆地，由于移民来源和文化接触的背景复杂、

---

① 乾隆《龙岩州志》卷13《艺文志一》，第323页。
② 乾隆《龙岩州志》卷首《自序》，第8页。

行政控制力相对薄弱等原因，当地的民间文化各具特色。而在外延地域的边缘，还散布着一些与客家文化或闽南文化相亲近的村落，他们说的是客家话、闽南话。研究龙岩社会文化，有必要关注边缘区的情况。

根据这种历史状况，我们选择中心区的两个村（西陂乡的陈陂和大洋）和边缘区的一个村（红坊镇的联合），作为调查研究的田野地点。

一、陈陂村

陈陂村（图31）是龙岩盆地早期汉族移民开发的村落之一。它位于龙门溪和红坊溪交汇成的三角平地的西南端，依溪傍山，由高山和平地两部分组成。西部是大锦山；北部是被红坊溪切断的大锦山余脉山坡，俗称新关岭和马厝岭。红坊溪俗名蒋邦溪，从大锦山中奔流而下，在山下转向南行又折向东去，使溪流之北、新关岭和马厝岭之南形成一块小平地，本村的农田与聚落均集中于此。

图 31　陈陂村民居

汉人入垦龙岩盆地，重点在盆地中部的龙川流域、"龙岩东盘，虎岭西踞"的范围内，即今天龙岩市的市区。这里虽在唐代置县，但到宋初还没有城池，只是"编竹为限"①，可见规模很小。全县划为铁石、九龙二乡，辖十一里，每里约百户。在广阔的土地上，只有点状的开垦和聚落存在，大部分还是荒野。

西陂《陈氏松径公族谱》记载，龙岩陈氏是颖川始祖颖川侯陈实的后裔道甫、进甫兄弟于南宋开庆元年（1259 年）迁来繁衍的。如今陈陂陈氏父老口碑相传系从漳平迁来，再分支到陈陂，始祖下分四房，但到第九代都是单传，到九世毅庵公葬青草盂以后，因风水好才发达起来。他们在红坊溪上"筑川激水为陂"，"后屡经洪水，处处陂绝，惟此屹然如故"②，陈陂——陈姓先人所筑之陂——便演变为地名。

陈陂村的地形，按风水先生的说法，为蛇、蛙、蜈蚣"三不服"。土名陈陂头的地方是团蛇形（有一圆形的土墩，似蛇盘于上。据说蛇头是排头村的西湖岩山，蛇尾在苏溪村），土名白头张的地方是蛙形，土名赤坑一带是蜈蚣形。据说蛇、蛙、蜈蚣相生相克，影响人口的盛衰变迁。相传陈氏十七世（约明末）在团蛇形土墩上建立祠堂以后，人丁旺盛，原在陈陂头居住的其他族姓先后迁出，陈陂变成单姓的自然村，至今陈氏人口约占全行政村的一半。现在的老人还记得一些老地名，如"袁厝场""罗厝排""蔡厝塌""石厝圳"，这是其他族姓在陈陂头居住过的文化痕迹。白头张原有黄姓居住，传说张氏始祖法宏公因打鹧鸪到此定居，其后裔被称为"鹧鸪张"，早年一度发达，黄姓迁出后住地有"十八巷"，可见人口不少；但因祠堂建在蛙形上，与团蛇"对冲"，不久便衰落不振，直到 1949 年人口仅 60 人。赤坑为蜈

---

①　乾隆《龙岩州志》卷 2《规建志·城池》，第 53 页。

②　乾隆《龙岩州志》卷 8《古迹志·水泉》，第 216 页。

蚣形之地，先年有民居，后被大火烧去，基址被用于停放棺材，称为"棺寮"。那一带有一座无主的赖氏祠堂，20世纪40年代尚存，为村民聚赌场所，可见赖氏曾在此住过。马厝岭，顾名思义应为马姓居住之地，现今却是多姓聚居，连一户马姓人家都没有。

风水传说虽然无稽不可信，但提供了值得注意的社会人文信息，即陈陂村的开发史上曾有过先后移民的冲突和更替。在陈氏前后来到这里开垦的袁、罗、蔡、石、黄、赖、马诸姓，到明中叶先后退出，陈氏成为本村唯一历史悠久的大族。现有的其他姓氏，都是在此以后陆续迁来的，如：从县城迁来的翁氏（唐代从福州迁岩），从邻村条围迁来的徐氏（明初从莆田迁岩），从小池京源迁来的刘氏（明初从江西庐陵迁岩），从曹溪迁来的林氏（宋代从德化迁岩），属县内人口移动；从上杭迁来的张氏，从浙江迁来的傅氏，则属县际、省际的人口移动。由于新来者主要是在县内移动，其家族定居龙岩都在数代以上，所以陈陂村总体上仍能保留早期移民的某些文化习俗。

二、大洋村

大洋村（图32）位于龙岩盆地中部，今市区的西郊。龙门溪流过本村北境，对岸是小洋村，西邻石桥头村，西南为排头村（以上均属西陂），东南是西安村（属西城）。

大洋村虽距龙岩城较近（约2公里），但开发却比陈陂迟，现有的各姓均在明代以后迁入定居。本村第一大姓林氏，是"九牧林"的后裔，开岩始祖起东公于宋庆元间（1195—1200年）从闽南德化迁居龙岩县城，八世祖东廓公于明正统时（1436—1449年）在大洋建祠开基。第二大姓刘氏，开岩始祖贵隆公明初从江西庐陵县三塘十九都迁居龙岩小池京源，四世祖刘安（裕斋公，二世祖刘洋幽贞公长孙，明成化九年［1473年］生）从小池迁来大洋①。这两姓后裔占了现今大洋村人口一半以上。其他姓氏，大致是清代陆续迁入的。如王氏（天成户），开岩始祖信斋公南宋时从闽南漳州迁居龙岩城内下井，十二世达初公于明末开基西山大条围，十五世康牧公于清康熙时（1662—1722年）从条围迁来大洋。蒋氏（守德户），开岩始祖翠冈公"元季避兵由漳入岩，明洪武初列民籍"，肇基新陂（今属南城），后移居城内；十二世需宏公于清乾隆间（1736—1795年）迁居大洋。邱氏始祖邱春（号万八秀），元延祐三年（1316年）自江西石城迁居龙岩城内；四世存贞（号邱国）于明永乐间（1403—1424年）开基溪南（今属南城），迁居大洋应是清代之事。

图 32　大洋村民居

　　大洋和陈陂两村虽地域相近，但由于开发存在时间差而有不同的特点。开发大洋的主力，是闽南移民的后裔，时间又在明代以降，因而社区文化可能无意识地保留了较多的闽南传统因素。

---

　　① 大洋村《刘氏族谱》记载祠祭四世祖裕斋公以下祖先，刘安应是本村刘氏之开基祖，但家族传说系二世祖幽贞公迁来，待考。

三、联合村

联合村由联村与和合村合并而成，是龙岩文化边缘区的客家聚落之一。它位于红坊盆地以南、今龙岩市红坊镇与永定高陂镇交界的山区，周围环山（图33）。悠远溪由东向西流，冲刷出长条形的数小块河谷盆地，总称为悠湾（悠坂）。联合村就在下游的简屋至村尾的两块小盆地上。历史上只有盘山小路与外界交通，现有两条单行道翻山越岭与龙岩—永定公路相接。调查时本村距龙岩市治约20公里，到永定县城约35公里。

图33　联合村村貌

联合村的先民，是唐末五代以后陆续从宁化石壁村进入闽西的客家先民。据该村部分族谱资料，黄氏自宋时从宁化石壁迁来，邓氏从宁化石壁徙上杭、南宋时再迁本村，王氏从宁化石壁徙武平、元季再迁村尾。

在黄氏迁来以前，本村地名蔡家坊，可见如今黄氏居住的黄屋村曾为蔡氏所居，且既以坊称，人数当不少。不过，蔡氏家族何时、因何迁走或消失，已无从查考了。又据本村邓氏族谱记载，邓氏八世禹公，生有秉益、秉隆、秉成、秉兴、秉洪、秉盛、秉泰七子。明万历三十年（1602年）承买黄泥坪屋场，"隆与成未徙"仍居山下，"泰幼折，其来此黄〔泥〕坪开基者，惟益、兴、洪、盛四房耳"。据十一世祖念池公所记簿内卖契，黄泥坪屋场卖主是卢志功，"税骨壹称壹分，载民米贰升六勺，与叔东洲共买，用价系银叁两叁钱正，中人赖汝达得银壹钱、外折酒壹钱，其子敬兄弟一股在后方，买另契"。可见明代黄泥坪原住有卢氏和赖氏。如今赖氏只有一户，而卢氏可能卖屋场后就全部搬走了。邓屋附近原有生土夯筑的土堡式方形土楼（图34，今已废弃），正是族群流动、沧海桑田的遗迹。

图34 联合村客家土楼

　　联合村的居民属于客家民系，但由于悠湾（悠坂）僻处岩、永之交，长期独立设置一个小乡，和龙岩中心区的联系较多，语言受龙岩话的影响，形成带有龙岩话成分的客家话——悠坂话。同时，原属客家民系的宗族由于繁衍分枝迁移的关系，分化为客家人和非客家人，血缘纽带使他们的沟通超越客家的范围。如本村邓氏，曾于道光丙申（1836年）会同龙岩州、漳平县、宁洋县及漳州长泰县、上杭县古田乡、连城县峰头乡等地同宗，在龙岩城内建立"忠爱堂"，为邓氏总祠，进入正厅龛内的本支祖先神位共四十六座。光绪二十一年（1895年）重建，又增十三座。二十三年（1897年）还设立祭祀蒸尝，"每股派谷壹箩，递年生放以为永远祭祠之蒸"。悠湾（悠坂）文化因此带有文化边缘区的地域色彩。

这三个村的文化区位和汉族移民历史不同，从社会与经济发展的角度比较也存在某些差异：

1. 行政控制

陈陂和大洋两村，历来都属龙岩县/州/市行政系统管辖。陈陂村自宋至清前期，大洋村自明至清前期，都属于铁石乡。道光十五年（1835年）到民国初年，废乡设社，陈陂村属陈陂社，大洋村属西山社。民国时期，县以下行政组织屡经变动，民国十七年（1928年）至二十二年（1933年）定县、区、村里（乡镇）、间邻四级，民国二十三年（1934年）至二十七年（1938年）定县、乡镇（区）、间邻（保甲）三级，民国二十八年（1939年）至三十八年（1949年）定为县、乡镇两级。在此期间，陈陂曾分属西陈区和第一区（区署在龙门）下的西墩乡、条陈乡、石墩乡，设过坪岭、平陂等保。大洋曾分属西陈区和第一区下的石墩乡、西墩乡，设过上洋、中洋等保。民国三十年（1941年）以后，陈陂和大洋同属一个乡政权的行政控制之下。也就是说，陈陂和大洋虽然在我们开展调查时同属西陂乡（1992年改为镇），但在道光十五年（1835年）至民国二十九年（1940年）的百余年间曾分属不同的基层行政系统。

联合村古为龙岩属地，但宋代已属上杭县，明成化十四年（1478年）至清末属永定县太平里悠湾乡，民国时期属永定县第四区（区署在坎市）富岭乡，直到1958年2月才返属龙岩今红坊镇管辖。也就是说，联合村在我们调查的清末民国时期，和陈陂、大洋两村处于不同县级行政系统管辖之下。

还需要指出的是，民国时期对陈陂、大洋村的行政控制远比联合村严密。这是因为陈陂、大洋靠近县城，行政控制易于调整和强化。特别是大洋村人章汤铭（1905—1976年）于民国三十四年（1945年）任龙岩专区自卫大队大队长、三十七年（1948年）出任龙岩县长，大洋村成为龙岩军政首脑的老家，受到县级政权的直接干预。

2. 军政人物

陈陂、大洋和联合三村产生对本县以至中国历史有影响的军政人物，都在民国十八年（1929年）闽西暴动以后的20年间。在土地革命和红军游击战争中涌现出来的知名人物，陈陂村有：徐秀寰（1875—1960年），1929年任西陂区苏维埃政府主席兼赤卫队大队长；张仰（1904—1941年），1932年加入红军，历任龙岩独立团秘书、福建独立师参谋、红十二军一〇一团参谋、新四军二支队第三团参谋、师参谋兼作战科长，1941年遇害于上饶集中营。大洋村有徐根竹（1916—1947年），1929年参加红军，后长征转战陕北，任关中解放区卫生部长、延安白求恩国际和平医院院长，牺牲于陕西榆林。联合村有王全珍（1906—1970年），1929年参加红军后，在红一军团、八路军、东北民主联军、东北野战军、第四野战军任职，屡建战功，任至中国人民解放军南海舰队后勤部部长、南海舰队副司令员，1961年晋升为少将；王博（1911—1945年），15岁到台湾高雄县一家鞋店当学徒，七七事变后回乡从事抗日救亡活动，曾任中共龙岩县委青年部长，1945年遇害。据50年代和70年代普查，陈陂村有烈士15人，五老人员（老地下党员、老游击队员、老地下交通员、老接头户、老苏区干部）19人；大洋村有烈士22人，五老人员13人；联合村有烈士10人，五老人员2人。与此相对应，大洋村产生国民党的县级军政人物章汤铭（县长）和刘烈波（民团团长），陈陂村和联合村则是空白。由此可见，这三个村的政治环境还是存在一定的差异。

3. 农村社区景观

陈陂、大洋和联合村都是山区的农村，主要建筑物是住宅、祠堂、宫庙等，但社区景观稍有不同。陈陂、大洋靠近县城，属平地农村风貌；而联合村僻处山地，饶具客家风格。

这三个村都因不同家族聚居而分成不同的自然村或厝，祖厝和祖祠是识别不同家族群体的主要标志景观。由于家族繁衍和本村农业资源的限制，外出经商、打工引起的人口流动很早就开始了。从族谱上看，移民外出近则闽粤赣边区，远则安徽、浙江、湖北、四川，少数前往台湾和南洋；主要是担当通往闽南和粤东交通运输线上的挑夫，少数是商人。反映到社区景观上就是，现存大型的祖厝或宗祠大多是家族中有人外出经商或移民致富才得以翻修或重建的。村内道路、桥梁、学校等公共设施，也和他们的捐助有关。

比如：清代中叶，联合村王氏十八世盛裕"贩卖于粤之南雄"，经营烟叶生意。道光中，其次子润斋（字开富）"克继前业，贸迁于粤之广州，晓衔星月，秋抗风雨，所为服贾，而孝养其亲者劳且俭，生平交易至公，……自是生财有道，家浸以丰"。同治元年（1862年），加捐光禄寺署正加二级，诰封两代。"继于本乡议修永安桥，捐一千三百金为倡，而桥之侧所建书院及文星阁，所费亦皆称是。复于龙岩修路、本境修亭，行旅皆利赖之。"并由其弟靖堂（字开贤）主持，在村尾营建大夫第式的砖木住宅"槐春堂"，与同村其他家族的土楼建筑形成鲜明的对照。

民国时期，大洋村人王源兴（1910—1974年）南渡新加坡、印尼谋生，经商致富，在家乡营建的住宅则是新式楼房。1949年后回国定居，出资兴建大洋小学，捐修本村保太桥和桥边溪岸。

这些都在一定程度上改变了原有的农村景观。

民国十六年（1927 年）以来的公路开辟和地方经济发展，逐渐改变这三个村子的风貌。变化最大、最快的是大洋村。公路开辟后，全村分成公路两侧两大片；到 80 年代以后，公路两侧变为街道，900 米长的路段新建商店 200 多间，成为一个商贸区，开始从农村向市区转变，村内原有的农舍渐渐改建为楼房。陈陂村的一部分山陂地，50 年代划出建工厂（后来的华龙机械厂），80 年代建立一个畜禽养殖基地，也有许多农民建造新房。联合村变化较慢，至 90 年代才因小煤窑厂等村办企业的兴起、烟草种植的推广而开始改观。从近时段来看，大洋、陈陂和联合村，存在农村社会发展的时间差，社区景观的差距进一步拉大了。

我们在 1990—1993 年，分别在陈陂、大洋和联合村开展田野调查，采集 1950 年以前的民族志资料。受访者年龄最低为 60 岁（1930 年以后出生），每村男女各 50 人，其年龄结构如表 2。

表 2 受访者年龄及出生年份占比①

性别	田野点	个案数	1990 年平均年龄	1900 年前	1900—1909 年	1910—1919 年	1920—1929 年	1930 年
女	西陂乡陈陂村	50	70.2		14%	26%	58%	2%
	西陂乡大洋村	50	71.1	2%	10%	34%	52%	2%
	红坊镇联合村	50	66.7			22%	66%	12%
男	西陂乡陈陂村	50	70.2		2%	44%	54%	
	西陂乡大洋村	50	69.8		4%	44%	48%	4%
	红坊镇联合村	50	68.3		4%	32%	54%	10%

---

① 为疏朗醒目便于阅读，本书表格中数值为 0 时均空缺，表示无。

　　受访者大多出生于 1910—1919 年和 1920—1929 年两个时段，故他们提供的口碑资料主要是 30、40 年代的直觉经验。这两个时段，正是农民暴动引发龙岩农村社会结构调整之后，和传统时代有所不同，与本省其他未经农民暴动的地区也有所不同，这是一个值得注意的特点。而在这三个村子中，联合村受访者的平均年龄最低，特别是女性，1920 年以后出生的占 78%，她们提供的基本上是 40 年代后期的情况，与陈陂、大洋村有一定的差距，这也是需要注意的。

　　由于这三个村子并无巨室大族，缺乏文献资料的累积，族谱、契约文书也不多见，没有多少现成的记载可以引用，而历史遗迹又不断消失，造成重建传统时代农村社区文化图景的参照物奇缺，给田野资料与历史文献资料的印证比较带来很大的难度。我尽力做了一些填补空白或复原的努力，效果不彰。虽然这三个村子不见得具有研究龙岩民间传统文化的典型意义，但把正在消失的口碑资料钩稽出来，也具有文化积累和存史的价值。

第二章　社会经济

第一节　资源配置

一、水土

陈陂村境内有山、水、坡地和平地。红坊溪西岸为新关岭、大锦山，红壤，生长常绿针叶林木，可植杉木、茶树、毛竹，地下蕴藏有煤矿。溪之东岸为丘陵和平地，属龙岩盆地，海拔300—350米。丘陵为马厝岭，红壤，坡地可耕，平地以渗育型黄泥田、黄泥沙田为主。红坊溪流经本村西、南，为农田灌溉之主要水源。

大洋村为龙岩盆地中部的平地，土壤以红壤潴育型水稻土为主。龙门溪贯穿本村北境，农耕与水利条件均佳。

联合村地处悠远溪下段河谷，四周皆山，粪箕窝山海拔928米，石罗岐山海拔783.6米，宜植松、杉、毛竹，蕴藏有石灰石、煤、钴土等矿。悠远溪从本村贯穿而下，又有小溪从山中经本村注入悠远溪，水源充沛。耕地为冲积河谷地和山田，海拔300—500米。据1981年土壤普查，缺磷、缺氮田和强酸田较多。

二、气候

陈陂村和大洋村所在西陂乡的气候，据西陂气象站（哨海拔330米）实测资料，年平均气温为19.7℃，月平均气温依次为10.9℃、12.4℃、15.8℃、19.9℃、23.2℃、25.1℃、27℃、

26.5℃、24.9℃、21℃、16.4℃、12.5℃。冬季（10℃以下）日数极少（4 天），夏季（22℃以上）长达 163 天，春季、秋季（10—22℃）分别为 120 天和 82 天。年平均降水量为 1692.4 毫米，年平均相对湿度为 78%。异常气候主要有倒春寒、秋寒、暴雨、干旱、冰雹等，往往形成自然灾害。①

联合村所在红坊镇的气候，据红坊气象站（哨海拔 375 米）实测资料，年平均气温为 19.3℃，月平均气温依次为 10.8℃、12.3℃、15.6℃、19.5℃、22.8℃、24.6℃、26.5℃、26℃、24.4℃、20.6℃、16.2℃、12.4℃。冬季 4 天，夏季 158 天，春、秋季分别为 120 天和 87 天。年平均降水量 1843 毫米，年平均相对湿度 78%。异常气候主要有倒春寒、五月寒、秋寒、暴雨和干旱。②

由此可见，陈陂、大洋与联合村的气候相近，只是陈陂、大洋的平均气温略高，夏季略长，而年平均降水量少一些。

三、人口

我们进行社会调查时，正值全国第四次人口普查（以 1990 年 7 月 1 日 0 时为准），龙岩市和陈陂、大洋、联合村的人口数如表 3。

表 3　调查村的人口数据

地点	户数	人口数	户均人口数
全市	100781	438162	4.35
陈陂	516	2015	3.91

① 龙岩市地方志编纂委员会：《龙岩市志》，北京：中国科学技术出版社，1993 年，第 73—79 页。
② 龙岩市红坊镇志编纂组：《红坊镇志》，龙岩：龙岩市红坊镇人民政府，1990 年铅印本，第 34—36 页。

地点	户数	人口数	户均人口数
大洋	636	2206	3.47
联合	340	1600	4.71

注：联合村的数字为村干部提供，未查到原统计表，只记整数。

龙岩历史上的人口高峰期是：道光十四年（1834年），全县有172172人；民国初年，全县有191224人。民国二十三年（1934年）减至126891人，民国二十七年（1938年）为119784人，民国三十八年（1949年）上升为152885人，尚未达到鸦片战争前的水平。陈陂、大洋和联合村的历史人口已无资料可查，据年长村民回忆，民国时期的人口只有现在的1/3或更少些，如陈陂村1949年的人口在670人左右。

四、交通

陈陂、大洋和联合村虽都傍溪，但水道不能运输，对外交通依赖村道和山路与公路相衔接。

陈陂、大洋位于公路交通中心县城附近。龙岩公路始筑于民国九年（1920年），但到二十二年（1933年）龙岩—漳州线、二十三年龙岩—连城—长汀线、二十四年龙岩—永定—峰市线通车后才有汽车运输。在此之前，交通线是官设的驿道，运输靠人力肩挑，县城设有转运行栈为挑夫配货。抗战军兴，金门、厦门沦陷，龙岩成为福建战时省会永安沟通广东、江西之交通要地，汽车运输一度繁盛。但为防日军入侵内地，当局将龙岩—漳州线、龙岩—永定—峰市线公路分段自行破坏，此后这两线的货流仍主要依靠肩运。

联合村位于龙岩—永定—峰市线公路一侧的山上，步行肩运到龙岩和永定县城都较远，交通条件很差。

民国时期，这三个村子农产品的运出和日用品的运入都依靠人力肩挑，与外县的交通都依靠公路。大洋在公路线上，陈陂离公路不远，而联合村与公路之间有山岭阻隔，故交通条件以大洋最优、陈陂次之、联合村最差。尽管交通条件不同，三个村的村民都有肩运生计的机会。

第二节　地权形态与租佃关系

一、地权结构

陈陂村、大洋村和联合村的地权形态，基本上属于同一类型。民国十八年（1929年）农民暴动以前，这三个村子只有地主和农民的私有地与宗族、寺庙的共有地，不存在官田、屯地之类的国有土地。农民暴动中，这三个村子都曾重新分配土地，地主和乡族势力受到打击。后来虽有局部的恢复，但到1951—1954年土地改革时，土地分配仍基本均平，只做部分的调整而未重新土改。

早在明代中叶，龙岩的土地所有权就出现田底权和田面权的分立。嘉靖《龙岩县志·民物志·土田》云：

> 受田之家，其名有三；一曰官人田（官人即主人也，谓主是田而输赋于官者，其租曰大租）；二曰粪土田（粪土即粪其田之人也。佃丁出银币于田主，质其田以耕，田有上下则质有厚薄，负租则没其质。沿习既久，私相授受，有代耕其田，输租之外，又出税于质田者，谓之小租。甚至主人但知其租，而不知其田之所止云）；三曰授产田（富家田多，则赋必重，乃授田于人，顶戴苗米，计其租仅足以供其赋。贪狡者受之，一有不支，则人田俱没矣）。古者授田之家一，

今者授田之家三，甚者挪移转贷，又不止于三矣。①

所谓"官人田"，即后来俗称的骨田，指田底；"粪土田"，即后来俗称的皮田，指田面。这种"一田二主"现象是从佃户交纳"粪土银"（土本）取得永佃权开始，经过佃户间"私相授受"的买卖或租佃发展起来的。而"授产田"则是田主为逃避赋役，把土地所有权转移到佃户身上形成的。

到了清代，"升平日久，生齿益繁，田价数倍曩昔，佃耕俱有流顶"②，即佃户有自行转佃的权利。通过转佃，一部分佃户变成了皮主（小租主）。而土地的活卖，造成土地所有权的分割，使田主层产生分化，买主没有法律上的所有权，实际地位类似于皮主。乾隆《龙岩州志·赋役志》云：

> 岩民管田，止计米数，而不知亩数。卖田契内，则并米数而匿之，只开某土名、田几段、载租若干箩若干桶。其粮或称每箩每桶贴纳钱粮几分，或称照册完纳字样寄在某人户内，田粮实数总不使买主知也。以是任意私收，甚有浮至加倍者。如寄籍客户欲另收寄亲知户内，或有籍之人欲收归本户者，则必卖人找贴洗尽数次，复又额外勒诈满欲，始许推收，名曰出户酒礼。内中寄籍客户为更苦，虽迁居、买田、葬坟，经百余载犹以户籍无名，子孙不得与试，称为甲户，视如奴隶。稍忤甲长意，辄将本户悬欠，以某某等丢粮禀追。寄户所执寸纸私收，官司谓为不足凭，隐忍重赔，莫可控诉。③

但直到民国时期，这种地权分化依然缓慢，没有形成大小租主的阶层差别。地权主要是在地主（乡族地主、庶民地主、商人地主）与农民小土地所有者之间的分配与再分配。

---

① 嘉靖《龙岩县志》卷2《民物志·土田》。
② 乾隆《龙岩州志》卷9《风土志·风俗》，第226页。
③ 乾隆《龙岩州志》卷7《赋役志·附征杂税·存留》，第205页。

65

陈陂、大洋和联合村居民群体的更替，蕴含了地权变动的过程。由于文献阙如，难以具体分析。清末民初，这三个村子都是以小农为主体的传统农村。在土地占有关系中，私人地主主要是"力农"起家的小地主和经商买田的商人地主，以及外村的"不在地主"——后者以联合村最为突出，有100多亩属富岭王姓地主，孔夫林姓地主有3—4亩。而占有"宗族共有地"的乡族地主，占有更重要地位。

宗族共有地是宗族组织和地主经济直接结合的产物，它源于祭祀历代祖先的提留，地权属于宗族共有，经营则采取地主制的租佃制度。陈陂、大洋和联合村都有数量不等的族田、族山。据田野调查资料，陈陂村之陈陂头陈氏有族田40多亩、祖山2000亩，白头张张氏有族田3亩、祖山200多亩，中洋林氏有族田3亩多，马厝岭翁氏有族田3亩多、徐氏有族田4亩多、傅氏和刘氏各有族田1亩多；大洋村王氏、刘氏、邱氏、章氏、魏氏、林氏、许氏、郭氏、蔡氏各有族田2至5亩不等；联合村王氏有族田10亩（或云14亩）多，简氏、黄氏、赖氏各有族田不到10亩，邓氏约20亩。现存文书有联合村邓氏《蒸田分耕册》一本，内载族田数额有：

> 长塘蒸田拾箩
>
> 勘头丘拾八箩、拦坑塘拾贰箩（贰处轮流办年祭墓为首）
>
> 横洋山蒸田拾八箩（祭墓）
>
> 念池公楼下塘田载谷拾箩
>
> 油竹窠蒸田老原载谷贰拾七箩
>
> 本□下蒸田贰拾壹箩
>
> 崩腹窠口蒸田拾八箩、营坪上蒸田拾八箩
>
> 秉盛公时常丘田载谷六箩正、寨下骨田载谷拾箩
>
> 念池公禾税共贰拾玖桶半
>
> 道光甲申年（1824年）念池公新起寨下田皮拾七箩

　　而据见过旧存尝田簿（已毁失）的邓氏受访者记忆，邓氏第八代族田提留80多箩，第九代提留130多箩，第十一代提留300多箩，第十三代以后提留400多箩，后因打官司卖掉。

　　此外，外村宗族亦在这三个村子购置族田，如《王氏天成户族谱》卷一《尝产》，记载西山社条围村（今属西陂）王氏祠堂"永锡堂"在陈陂村有"买管尝田"二段：

　　　　一段坐落陈陂社达初公坟后头郭家厝下手大圳上，原田肆分零，年载早晚租谷捌桶（用中桶），其苗米载在尝薄。

　　　　一段坐落陈陂社达初公坟顶，原田壹亩叁分零，年载早晚租谷贰拾贰桶（用小桶）。

　　"永锡堂尝田"一段：

　　　　一段坐落陈陂社达初公坟顶右角路上、路下各一丘，年载早晚租谷拾贰桶（用小桶），苗米载在尝薄，花名达初公完纳。

　　"萃槐课田"一段：

　　　　一段坐落陈陂社小地名傅厝垅，年载早晚租谷拾肆桶（用中桶），苗米详薄内，花名萃槐完纳。

　　该祠堂在大洋村有"永锡堂尝田"二段：

　　　　一段坐落西山社大洋陈祠后角，年载早晚租谷拾柒桶（用大桶），系舜卿充项，载苗米折征银壹钱八分九厘，花名达初公完纳。

　　　　一段坐落西山社大洋柑树垅，年载早晚租谷拾捌桶（用大桶），载苗米折征银壹钱捌分玖厘，花名天成尝完纳。

　　而在联合村，据田野调查，属永定坎市卢氏的族田约有200亩。

　　由此可见，在20世纪30年代以前，宗族共有地在这三个村子的地权结构中占有重要地位。

　　陈陂、大洋和联合村在农村暴动、分田分地以后，地权的再分配只在农民小土地所有者之间进行，在1929—1949年的20年间没有产生新的地主。根据田野调查，各村受访者结婚时男性本家、女性夫家自有土地情况如表4。

表4 受访者结婚时自有土地人数

家庭	土地量	西陂乡陈陂村	西陂乡大洋村	红坊镇联合村
男性本家	没有土地	29	10	5
	少于1亩	2	8	3
	1—4亩	17	32	28
	5—9亩	2		13
	10—14亩			1
女性夫家	没有土地	31	5	1
	少于1亩	1	10	4
	1—4亩	14	34	34
	5—9亩	2	1	11
	10—14亩	2		

陈陂村男性受访者中，无地户29人，占58%；有地户21人，共有土地47.1亩，平均每户2.24亩。女性受访者中，结婚时夫家无地户31人，占62%；有地户19人，共有土地69.8亩，平均每户3.67亩。自有土地5亩以上的男性有2人、女性4人，最高为10亩。

大洋村男性受访者中，无地户10人，占20%；有地户40人，共有土地65.2亩，平均每户1.63亩。女性受访者中，结婚时夫家无地户5人，占10%；有地户45人，共有土地72.2亩，平均每户1.6亩。自有土地5亩以上者仅女性1人。

联合村男性受访者中，无地户5人，占10%；有地户45人，共有土地160亩，平均每户3.56亩。女性受访者中，结婚时夫家无地户1人，占2%；有地户49人，共有土地162.4亩，平均每户 3.31 亩。自有土地 5 亩以上 10 亩以下者男性 13 人、女性 11 人，10 亩以上有男性 1 人。

自有土地以 1—4 亩居多，显然是土地革命留下的成果。而无地户多寡的不同，也反映了土地革命影响的深度不同。联合村无地户少，大概和长期是红军游击区不无关系。然而，土地分割细碎，使用分散，不利于农业生产力的提高。

二、土地租佃

陈陂、大洋和联合村的土地经营，有自耕和佃耕两种形式。无地和少地的农民必须租佃地主或小土地所有者的土地或族田耕作。

陈陂村男性受访者中的 29 个无地家庭全部租佃土地耕种，21 个有地家庭有 5 个部分租佃土地耕种；女性受访者中的 31 个无地家庭有 30 个租佃土地耕种，19 个有地家庭有 6 个部分租佃土地耕种。

大洋村男性受访者中的 10 个无地家庭有 6 个租佃土地耕种，40 个有地家庭有 5 个部分租佃土地耕种；女性受访者中的 5 个无地家庭有 2 个租佃土地耕种，45 个有地家庭均为自耕。

联合村男性受访者中的 5 个无地家庭有 4 个租佃土地耕种，45 个有地家庭有 17 个部分租佃土地耕种；女性受访者中的 1 个无地家庭租佃土地耕种，49 个有地家庭有 7 个部分租佃土地耕种。

可见，佃耕是这三个村子重要的谋生手段。

土地租佃一般分短期佃、长期佃、不定期佃和永佃。短期佃以一年期较普遍，论季的较少，适用于经济收益较高的土地，如甘蔗、蔬菜用地；长期佃的定期有三年、五年、十年等，不定期佃无佃耕期限约定，永佃则明确规定允许佃户永远耕作。成立主佃关系，需要订立书面或口头契约。在田野调查中，我们没有发现契约的实物，幸好 20 世纪 30 年代郑行亮在《福建租佃制度》的调查报告中记录了大洋村业主出佃和佃户认佃的批字各一纸①，可供我们参考。兹征引如下：

> 立出佃批字人○○，置有水田壹段，坐落西山社大洋乡小地名蔡家厝面前，计田大小三丘，今付与○○佃边认耕，年载风净早晚租谷壹拾大箩零陆分，每箩西门升八十升平盖，历年至收成之日，佃人早七晚三，送到业主家中上纳清楚，不得短少。如有短少谷粒，任从业主起佃，另招别佃；如无欠租，许佃人永远耕种，逢丰不增，逢荒不减。此系业主亲交，并无过佃人土本水钱情事。如佃人不耕，应将田送还业主，认耕人不得私退下手。言约十年换批一次。今欲有凭，立出佃批为照。
>
> 代字：○○○　　中见：○○○
>
> 中华民国　年　月　日，立认佃批字人○○○押
>
> 立认佃批字人○○，今在业主○○兄边认耕来田壹段，坐落西山社大洋乡小地名蔡家厝面前，大小计田叁丘，年载风净早晚租谷壹拾大箩零陆分，每箩西门升八十升平盖，历年至收成之日，佃人早七晚三，送到业主家中风净上纳清楚，不敢少短谷粒，如有少短，任从业主将田起耕，另招别佃。如无欠租，许佃人永远耕种，逢丰不增，逢荒不减。此系业主亲交，并无得过佃人土本水钱情〔事〕。如佃人不耕，将田送还业主认耕，不敢私退下手。言约十年换批一次。今欲有凭，立认佃批为照。
>
> 代字：○○○　　中见：○○○
>
> 中华民国　年　月　日，立认佃批字人○○○押

---

① 郑行亮：《福建租佃制度》，萧铮主编《民国二十年代中国大陆土地问题资料》第 62 辑，台北：成文出版社，1977 年。

以上是同一地块的出、认字，规定"如无欠租，许佃人永远耕种，逢丰不增，逢荒不减""如佃人不耕，应将田送还业主，认耕人不得私退下手"，即佃人有永佃权而无转佃权，而"言约十年换批一次"也是为了预防佃人私自转佃。不过，从契文提到佃人"土本水钱"，可以想见佃人因付出开垦工本和水利投资得到转佃权进而上升为田面权的情况在民国时期依然存在，否则就不必在契约上特别声明了。

至于明代闽西盛行的"冬牲"之类的附租，在我们调查的族谱中也保留了痕迹。如陈陂刘氏族谱记载，他们在小池京源的三段田地：老妈髻一段三亩，收早租谷十三桶五分，附征"牲三只，折钱一百五十文。大饭半钌，时饭一钌"；前坑原田四段，收早租谷三十二桶，附征"牲六只、大饭一钌，共折钱六百文。时饭二钌"；自坑田一段二亩，收早租谷十五桶，"牲二只，折钱一百文。时饭一钌"（图35）。

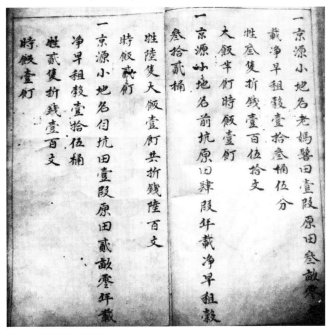

图35　陈陂刘氏族谱记载的附租

族田的租佃经营方式，一为族人按年份轮耕。轮耕者的身份是土地共有者之一兼佃户，族田的收益供祭祀祖先等特定的家族公共消费。如联合村邓氏油竹窠蒸田（老原载谷二十七箩），在乾隆癸酉（十八年，1753年）到咸丰辛亥（元年，1851年）的百年间，族人轮耕的分配如图36、表5。

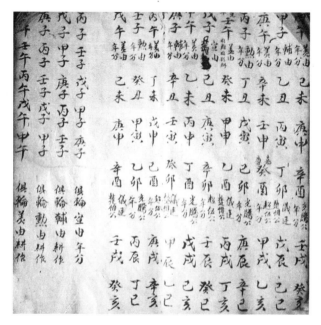

图36　联合村邓氏油竹窠蒸田轮耕本

表5　联合村邓氏油竹窠蒸田轮耕表

年份			耕人	年份			耕人
		乾隆癸酉	宣由、楚惟	壬戌	癸亥	甲子	光腾
甲戌	乙亥	丙子	仪廷、楚惟	乙丑	丙寅	丁卯	美由
丁丑	戊寅	己卯	美由	戊辰	己巳	庚午	仪廷、楚惟
庚辰	辛巳	壬午	超伍	辛未	壬申	嘉庆癸酉	超由

年份			耕人	年份			耕人
癸未	甲申	乙酉	辅由，周福赎回	甲戌	乙亥	丙子	超伍
丙戌	丁亥	戊子	光腾	丁丑	戊寅	己卯	美由
己丑	庚寅	辛卯	美由	庚辰	辛巳	道光壬午	光腾
壬辰	癸巳	甲午	仪廷、楚惟	癸未	甲申	乙酉	宣由、楚惟
乙未	丙申	丁酉	超由	丙戌	丁亥	戊子	仪廷、楚惟
戊戌	己亥	庚子	超伍	己丑	庚寅	辛卯	美由
辛丑	壬寅	癸卯	美由	壬辰	癸巳	甲午	超伍
甲辰	乙巳	丙午	光腾	乙未	丙申	丁酉	辅由
丁未	戊申	己酉	宣由、楚惟	戊戌	己亥	庚子	光腾
庚戌	辛亥	壬子	仪廷、楚惟	辛丑	壬寅	癸卯	美由
癸丑	甲寅	乙卯	美由	甲辰	乙巳	丙午	仪廷、楚惟
丙辰	丁巳	戊午	超伍	丁未	戊申	己酉	超由
己未	庚申	辛酉	辅由，周福耕	庚戌	辛亥		

这是三年一轮的。也有一年一轮的，如秉盛公时常丘田（载谷六箩），自嘉庆辛酉（六年，1810 年）起，由三房轮流耕作，如表6。

表6　联合村邓氏秉盛公时常丘田轮耕表

年份	耕人	年份	耕人	年份	耕人
辛酉	二房东池、楚惟	壬戌	三房东洲	癸亥	长房东源
甲子	东池、玄	乙丑	东洲	丙寅	东源
丁卯	东池、饫	戊辰	东洲	己巳	东源

年份	耕人	年份	耕人	年份	耕人
庚午	东池、文明,周福耕	辛未	东洲	壬申	东源
癸酉	东池、玄	甲戌	东洲	乙亥	东源

二为出租。如联合村邓氏念池公禾税（载谷二十九桶半），地分五处,其中一处亲房轮耕、四处出租佃作,如表7。

表7 联合村邓氏念池公禾税佃耕表

田址	耕人	收成
一处横洋山大丘田	简池泰	六桶
一处寨下田处	敬中	七桶
一处白叶坂	东汉	六桶半
一处中村对门门口	王兴保	六桶
一处寨下	三房轮流	四桶

至于外村宗族在本村的族田,则大多为本村村民承租耕作。

土地租佃所收的地租,以实物地租为主,钱租少见。实物地租一般为收获量的五成、六成,最高八成,最低三成。陈陂和大洋村,私田和族田的地租额基本一致,联合村一般私田高于族田、本村族田高于外姓在本村的族田。

地租额虽由收获量分成而来,但定期佃、不定期佃普遍折成定额,只是歉收年景实行分成;而永佃则是定额铁租,不论丰歉。租佃量一般不以土地面积计算,而直接以租额论,如田段皆称为几箩田、几桶田,大率相沿不改,和实际产量高低无关。这种定额化能提高佃户的生产积极性,但不利于我们对地租额和产量的折算。

陈陂、大洋的箩、桶标准相同。据调查,习惯上称1老亩为10箩（湿谷）,1箩=2大桶,1大桶=40升,1中桶=32升,1西门升=9大两,1大桶=36斤谷。依此,我们可以破译出上述出佃字、认佃字所租佃的土地相当于 1 亩，租额为早晚谷 700 斤。而大洋陈祠后角的一段"永锡堂尝田"，年载早晚租谷 17 大桶，则土地面积相当于 0.85 亩。永锡堂在陈陂的一段"买受尝田" 4 分，年载早晚租谷 8 中桶，每亩租额为 20 中桶，折谷 576 斤。

而按联合村习惯，1 箩 = 2 桶，1 桶 = 老秤 25 斤谷 = 新秤 28 斤谷。

在调查中，我们还注意到联合村有一种习惯，即有些土地租佃是一箩谷田交纳一箩租谷，而有些土地租佃则是一箩谷田交纳半箩租谷。后者产生的原因，一种可能是外村宗族地主收租路途遥远，为保证佃户的稳定而做出的让步。如坎市卢氏族田都是长期佃，子孙相承，而成为事实上的永佃。另一种可能是因地力消退而做的权宜安排。一箩谷实际上是田产的计算单位，写在地契上形成产权证明，不能随便更动，只好在佃约上照抄原箩数，而实收半箩。

第三节　经济活动

一、家庭生计与职业分布

陈陂、大洋和联合村，在 1950 年以前，基本维持传统农业社会经济形态，商品化程度较低，居民以维生农业为主、农副业为辅。

这三个村子的家庭生计，可以划分为以下几种类型：

维生农业。指家庭成员都从事耕田，种植粮食作物维持生计。

维生农业及商业性农业。以种田为主，部分土地种植以出卖为目的的作物如烟草、甘蔗、茶叶、蔬菜等等，补偿粮食种植的不足。

维生农业及商业或手工业。种田之外，兼当墟市活动的商贩，如贩牛、贩鸡鸭蛋、贩米、贩花生；或兼手艺人，如木匠、瓦匠、铁匠、屠夫（杀猪）、烧木炭等。

维生农业及短工。自耕为主，兼打短工，如割禾、插秧、挑担、推车、搬运等。

商业性农业。靠种植、出卖经济作物养家者。

商业及手工业。家庭收入来自主要成员在县城或外地经营商店，或在本村开设手工作坊制作烟丝、鞭炮等。

商业及手工业之雇工。如店员、学徒、作坊工人。

政府公家机构人员。如政府部门、合作社职员，小学教师。

其中，以商业性农业及以下类型为主要生计的家庭比重很少。反映到居民的就业结构上，就是从事初级行业——农业的人数最多。

1950年以前，这三个村子都没有职业统计的文献记录，只能通过田野调查工作予以重建。试将男性和女性受访者的家庭生计和工作类别分别统计如表8—表12。

表8　男性受访者初婚时家庭生计

项目	西陂乡陈陂村	西陂乡大洋村	红坊镇联合村
个案数	49	50	50
维生农业	38.8%	14%	76%
维生农业加手工/买卖	12.2%	16%	12%
维生农业加劳工/挑夫	32.7%	50%	10%
维生农业加汇款		2%	
商品农业		2%	
买卖/手工业劳工	8.2%		
短工			2%

续表

项目	西陂乡陈陂村	西陂乡大洋村	红坊镇联合村
买卖/手工业		8%	
教职	6.1%	4%	
公职	2%	4%	

表9　女性受访者婚前工作类别

项目	西陂乡陈陂村	西陂乡大洋村	红坊镇联合村
个案数	49	50	49
无业	2%		
家务和/或照顾自家小孩	53.1%	20%	16.3%
农业和/或渔业（自营）	34.6%	46%	77.6%
农事和/或渔业（受雇）		2%	
手工业或买卖（自营）	4.1%	18%	
农事或买卖（受雇）		6%	
挑夫或苦力（村外）	6.1%	8%	6.1%

表10　女性受访者婚后工作类别

项目	西陂乡陈陂村	西陂乡大洋村	红坊镇联合村
个案数	50	50	50
家务和/或照顾自家小孩	44%	24%	6%
受雇帮佣		2%	
农业和/或渔业（自营）	50%	60%	88%
手工业或商业（自营）	2%	10%	2%
农事或商业（受雇）		2%	
挑夫或苦力（村外）	4%	2%	4%

表 11　男性受访者婚前工作类别

项目	西陂乡陈陂村	西陂乡大洋村	红坊镇联合村
个案数	49	50	50
无业	2%		
农业和/或渔业（自营）	83.7%	48%	74%
农事和/或渔业（受雇）	2%		
手工业或商业（自营）		2%	6%
农事或商业（受雇）	2%	18%	4%
技工（石匠、木匠等）	2%	6%	8%
挑夫或苦力（村外）			6%
军人		2%	
公职（劳力）		2%	2%
学生	6.1%	16%	
教职	2%	4%	
公职（非劳力）		2%	

表 12　男性受访者婚后工作类别

项目	西陂乡陈陂村	西陂乡大洋村	红坊镇联合村
个案数	50	48	47
无业	2%		
农业和/或渔业（自营）	76%	56.3%	78.7%
手工业或商业（自营）	2%	4.2%	2.1%
农事或商业（受雇）	8%	8.3%	6.4%
技工（石匠、木匠等）		6.3%	8.6%
挑夫或苦力（村外）	2%		
军人	2%		

项目	西陂乡陈陂村	西陂乡大洋村	红坊镇联合村
公职（劳力）		8.3%	2.1%
教职	6%	10.4%	
公职（非劳力）	2%	6.3%	2.1%

从表中可见，这三个村子受访者的职业分布，单纯以农为生者，联合村最多，陈陂村次之，大洋村又次之；以农为主业，兼商业或手工业、其他工者，大洋村最多，陈陂村次之，联合村很少。大洋、陈陂村在传统农业之外，已有一些工商业和服务行业的成分，与联合村处在社会经济发展的不同水平。

二、农林产品

陈陂、大洋和联合村的农林产品主要有如下项目：

1. 稻米。一种是早晚稻，一年两熟，俗称籼为"稻"、粳为"禾"、秫为"糯"。早籼品种有蚁米、山冬、春汕早、南京赤、赤拵、白拵、红脚赤、红脚白、花壳白、芒禾；晚籼品种有一枝香、花壳白。粳的品种有半芒禾、红须禾、白须禾、圆头禾。秫的品种有赤糯、白糯、老鼠牙、过山香、长糯、圆糯。一种是单季稻，春种冬收，俗称"大冬"，分大籼、大禾、大糯，品种有赤占、白占。

2. 番薯。番薯约在明末清初引进龙岩，民国时普遍种植。分红、白二种。

3. 麦。分大麦、小麦，以小麦为主。

4. 蔬菜。以蔬、瓜为主，园地种植。唯联合村以自食为限。

5. 烟草。明崇祯初年传入龙岩，俗称"芬"。烟叶可制条丝烟（水烟），亦可作农用：采摘晒干后搓成绳状，切股下田，用于塞稻禾兜，可防治虫害，并增肥力。陈陂和联合村多用菜地套种烟草，供农田使用，并有小型作坊刨制条丝烟。

6. 甘蔗。陈陂、大洋二村均植果蔗。"陈陂蔗"茎粗皮薄，质脆味甜，含水分多，是龙岩远近闻名的土特产。

7. 花生。龙岩花生有春、秋两种，主要用于制作咸酥花生和日常食用。咸酥花生是龙岩的传统名优食品，最早产于原属陈陂社、后属曹溪乡的月山村。民国时，陈陂村亦有焙制。加工方法有湿焙和干焙两种。湿焙是将鲜花生洗净后，下水加入一定比例食盐煮熟，晒干，再用文火烘焙；干焙是将鲜花生洗净后先晒干，再下水加入一定比例食盐煮熟，再晒干、用文火烘焙。

8. 米酒。农家用糯米和土法自酿低度米酒，用于婚丧喜庆。

9. 杉木。陈陂和联合村山场均植杉木，用作建筑木材和家具木料。

10. 茶。陈陂和联合村山场均植茶树，收成后用土法烘制成茶叶，仅供家用。

11. 柴草。山间杂柴和茅草，为砖瓦窑的燃料。

12. 木炭。产于联合村，以山场松木烧制的木炭系铁匠冶炼的燃料。

13. 家畜家禽。家畜有猪、羊，家禽有鸡、鸭。

这些农林产品，大部分在村内消费，一部分流向市场，交换盐、布、糖、油等日用品和耕牛、农具等生产资料。

三、农村副业

陈陂、大洋和联合村在 20 世纪 30—40 年代的农村副业，除了传统的、无组织的打短工、短途贩卖、手工艺之外，值得注意的是挑运队伍的扩大。

挑运是古代龙岩对外物资交流、货物进出的主要手段，挑夫由驿道沿线的破产农民转化而来，短程挑夫多为贫苦农民的副业。公路汽车运输兴起后，挑运的地位下降，但因汽车运输不发达，挑运仍不可或缺。抗战时期，龙岩成为临时省会永安对外联系交通的重要中转站，物资运输任务繁重；特别是在为防日军进攻而自行破坏公路后，汽车不通，挑运业再度兴盛起来。陈陂、大洋和联合村靠近公路，挑运遂成为重要的副业。受访者中许多人有兼职挑夫的经历，如：陈陂村男性受访者结婚时兼职挑夫的有 16 人，婚前则达 24 人；大洋村男性受访者曾兼职挑夫的有 25 人；联合村在 40 年代约 60 户人家，出外当挑夫的有 50 多人。

挑夫受雇于行栈、商店或过往客商，单程或双程，一次挑运在外的时间或一天或数天、多则十几天。挑出的货物主要是粗纸、纸箔、条丝烟、笋干等，回头货主要有盐、糖、水果、布等。挑运的路线以县城为中心，东至漳平，西往永定、大埔、梅县、兴宁、南雄，南到南靖和溪和水潮、漳州及南安水头，北至上杭、连城、长汀。

陈陂村挑夫以走南线为主，西线次之。大洋村挑夫走南线为主，东线北线次之。联合村挑夫走西线为主，南线次之。

挑运副业活动虽然没有改变农民的身份，但一方面成为农业经济的重要补充，一方面导引农民接触外部世界，和单纯以农业维生已有所不同。这种变化虽不明显，但它反映了传统农业社区悄然卷入了向现代转变的渐进过程。

四、商业与手工业

陈陂、大洋和联合村并没有商店，但在外经商却有长久的传统。根据现存的一些族谱可知，明清两代，大洋村和联合村人已远至广东、江西、湖广、南京经商，还有一部分人移民台湾和海外如今印尼等地。20 世纪 30—40 年代，仍有少数人在外经商。不过，在外商人的活动对本村社会经济变迁的影响不大，他们主要是寄钱养家，兴建住宅和重修祠墓、桥渡，事业投资仍是购买土地、租佃经营，反而加强了传统农业社会经济结构。

手工业从农家副业脱离而形成新的产业，在这三个村子还只是萌芽。陈陂村有陈一峰、陈水洪两人办的"协记"和"协成"两个条丝烟厂、林来任办的"林宜隆"鞭炮厂，各有工人10多人，除个别师傅外都是附近的农民。大洋村没有雇工10人以上的作坊。联合村有雇工10人左右的条丝烟厂2家。烟厂工作是手工刨烟丝，采用计件工资，每包（10小两）工资银元2角，一般一天可刨10包，日工资相当于2个银元。这些作坊资本少，技术要求低，生产设备落后，不是新型的企业，而工人也没有完全脱离农业。可见这三个村子从传统农业向第二产业工业的转变仍处于低水准的初级阶段。

五、民间借贷

村民借贷钱谷，都在私人之间进行。

陈陂村借贷习俗：借谷：开春借谷，6月收成时还，每箩还1.2箩；如6月无法还，10月晚谷收成时还，利息加倍，有的还要利滚利。借钱：一般是头年年息一分二，以后利息逐年提高，从二分到五分不等。

大洋村借贷习俗：借谷：早谷借1桶，至收成时（约4个月）还1.7桶；晚谷借1桶，至收成时（约8个月）还2桶。借钱：以月计息，一般为逐月加一成，即借1银元一个月后还1.1银元，或借1银元付9角一个月后还1元。高的有加二、加三。

联合村借贷习俗：借谷：一冬（半年）为借三还五，即借3箩半年后还5箩；一年为借一还二，即借1箩一年后还2箩。借钱：利息为一冬加三成。

出贷者一般是村内较富的人家，或外村的放高利贷者。除小额借贷外，一般要以地契或以土地收益为抵押，写立"借字"，但我们在田野工作中没有发现这方面的实物，不能做个案分析。

除了私人间的借贷之外，陈陂、大洋和联合村都普遍存在农民自愿结合的、经济互助性的"合会"（联合村俗称"邀会"），起因一般是为应付天灾人祸、红白喜事而集资。

"合会"的形式，以时间论，有月会、季会、年会；以会金论，有"谷会""钱会"；以得会（获得收益）方式论，有"轮会""摇会""标会"。发起"合会"之人，一般是遇到突发事故一时难以筹措款项应急的人，也就是会首。参加者一般是十人或十余人，多是会首的亲戚、邻居或朋友。首会的"会谷"或"会钱"由会首收受，以后各期则按顺序轮流或摇骰子、投标来决定。会友向得会者缴纳会钱（谷）和利息，直到全体会友得会后才告结束。

妇女不参加"合会"，更没有当会首的。陈陂村有个别以妇女名义参加的，是因家中没有成丁的男子，妇女作为家长入会，入会的钱谷是家庭财产而非私房钱。

特殊的"合会"有"孝子福"（联合村称为"孝子会"）和"兄弟会"（联合村称"青年会"）。

"孝子福"是专门为筹办父母丧葬费用而设的。会中人遇有父母丧事时，合会者各出约定的钱谷供其应用，直至会中最后一位的父母逝世。该项会钱（谷），陈陂村俗例为每份1银元，大洋、联合村为1箩或2箩谷。"孝子福"合会人数可多可少，陈陂村有41人合为一会的，合会时间长达50多年。

"兄弟会"是专门为男性青年筹办婚事费用而组织的，合会者为未婚男子。会友中有人结婚，其他人要出约定的钱谷交其使用，直到全体会友都结婚才解散。该项会钱（谷），陈陂村俗例为每份1银元或1箩（桶）谷，联合村为每份5箩谷。

民间私人借贷和"合会"的活动，在调剂资金、延缓小农经济破产、维护农村社会的稳定上，发挥了一定的作用。但高利贷剥削也给一部分农民家庭带来负债无法偿还而破产的后果。

六、市场

龙岩在明清时代就形成了传统市场，市场网络由本地市场和外地市场组成，涵盖了闽西南和粤东区域的中级市场（县城）和初级市场（墟市）。

陈陂、大洋和联合村村民涉足的市场，是县城和农村墟市。

县城是行政中心，也是本地的中心市场。乾隆时期，城内的州前市，"厥肆多旅寓；厥货朱、墨、纸、笔、竹器，亦有庖人售饮食；厥饮惟白酒、红酒、烧酒；厥食鱼、肉、米粉、面线之类"；南门市，"四方之货多萃，厥货蔬果、牲畜、鲜藏、鱼盐、布帛、笠帽、鞋袜、纸笔、漆器、京货、药材之类"；东门市，"货惟蔬、薪、油、盐、酒、烛、糖、饼之类，四方之货未聚"；西门市，"货惟蔬、薪、畜、藏、油、盐、酒、腐、糕、饼之类"。[①] 民国十六年（1927年），龙岩县城改建，筑成一条从东门到西门的街道（今中山路），杂货店、饮食店、金银铺、米铺等各种商店集中于此，常年开市。农贸市场则散布于大街两侧不远的传统街巷。陈陂、大洋村农民和县城市场的经济联系比较密切，米谷一般挑到西门米铺出卖，就近买回盐、布等日用品；还有一些剩余劳力受雇于行栈，挑运货物。联合村农民主要活动于龙岩、永定边界附近的农村市场，和龙岩县城市场很少发生贸易交往。

墟市是乡村间商品交换、物资交流的主要场所。农民一般都到一天内可步行往返的墟市上出售农副业产品，买回必需的日用品和生产资料。乾隆初年，龙岩有1墟4镇，即龙门墟、鸡鸣镇、雁石镇、水口镇（溪口）、上坪镇（适中）。到道光年间，增至10墟1镇，即龙门墟、鸡鸣镇、雁石墟、松洋墟、溪口墟、

---

① 乾隆《龙岩州志》卷2《规建志·街市》，第76页。

上坪墟、曹溪墟、白土墟、小池墟、大池墟、白沙墟。民国初年，发展为18墟，即龙门墟、雁石墟、松洋墟、溪口墟、曹溪墟、白土墟、小池墟、大池墟、白沙墟、村美墟、船巷墟、南阳墟、西山墟、天马墟、上坪墟、缘岭墟、石牌前墟、铁石洋墟。民国三十四年（1945年），固定墟市有龙门、适中、雁石、白沙、白土、溪口、大池、小池、南阳坝、曹溪、村美、铜钵、梅村、船巷、仁和、西山、苏邦、苏坂、小溪等19个。二百年间，墟市场所约增长3倍。

龙岩的墟市多为每旬二集，有的还仅是每旬一集，贸易频率较低。规模较大的墟市设有日常营业的店铺，如民国三十七年（1948年）龙门、白土、适中均有店铺80余家，雁石、白沙各有60余家；但它们的商业活动主要在墟日进行，平时都很冷落，还没有发展为近代型的工商业市镇。全县的墟市网络，没有形成逐层过渡的立体结构。

陈陂、大洋和联合村农民经常赶赴的墟市，都在龙岩西部以及永定毗邻龙岩处，墟期岔开，每天都有墟可赶，而且每十天有五天是一日两墟。其墟名和墟期见表13。

表13 受访者活动的墟市和墟期

墟名	日期	墟名	日期
龙门	逢一、六	曹溪、小池	逢五、十
大池、白土	逢二、七	船巷	逢八
西山	逢二、八	永定坎市	逢三、七
南洋坝	逢四、九	永定高陂	逢四、九

这三个村子的市场圈是互相叠合的，如图37所示。

这表明他们在墟市活动中有可能接触或发生交易。

1950年以前，陈陂、大洋和联合村的商品交换主要是在农村初级市场进行的，以米、盐、布、铁器的交易为大宗。这种状况，和它们的社区经济属于第一产业（传统农业）相适应。

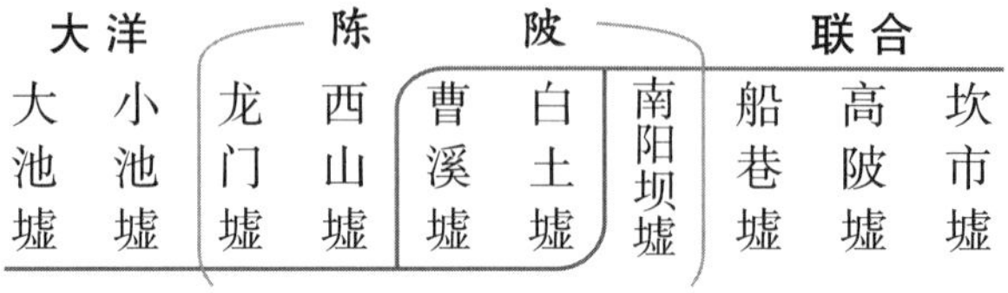

图 37　三村墟市归属图

第三章　宗族与民间组织

第一节　宗族构成

一、陈陂村

陈陂村宗族分布于陈陂头、白头张、马厝岭、中洋四个自然聚落，其中陈陂头为陈姓、白头张为张姓、中洋为林姓的单性聚落，马厝岭为翁、张、傅、徐、刘、陈六姓的杂姓聚落。

陈陂头陈氏，相传始祖以下九代单传，第九世在陈陂置有大片田产、山产，十世以后繁衍蕃盛。陈陂头现存陈姓为十七世敦湖公后裔、马厝岭陈姓为陈和公后裔，至今繁衍至三十二代。明永乐十年（1412 年）左右，陈廿郎公入赘今红坊镇下洋村杨氏，为下洋杨姓一世祖。

白头张张氏，始祖法宏公从上杭兰家渡迁来，系张化孙后裔，至今繁衍至十七代。

中洋林氏，是宋庆元间自德化县仁里梓溪迁岩始祖起东公（讳商隐）的后裔。其祖先东晋南渡时来闽，"至唐而子孙尤盛，其居东溪者曰蔑之后也"[①]，"延传至唐开元间，发旺公由福唐东溪始迁梓溪"[②]，又传十有余世，起东公在宋庆元间成进士，任龙岩县学学正，遂在龙岩开基。第六世梅岗公（讳玘），于明洪武

[①]　龙岩《林梅亭族谱》卷首，建文四年八月望日福孙侄孙举拜序。
[②]　龙岩《林梅亭族谱》卷首，洪武十九五月既望日高能象序。

年间分支曹溪。第十世南泉公生三子，分如村公、安村公、禄村公三房。十七世三房彩漳公分支本村中洋，至今繁衍至第二十七代。

马厝岭翁氏，属唐代开岩始祖云庵公的次三房派。万历十九年（1591年）翁文峰《创建祠堂叙记》称："我族自唐季第一代祖正议大夫云庵翁由福州沙合移集贤里，后迁于龙岩县北后盂架屋而居而聚族。"[1] 翁氏支分派衍，云庵公下分长、次两房，长房分两派，次房分三派，播迁于各乡，年代久远，各派下又分若干支派。次三房派下分出岭北翁派、嘉遁翁派、竹林翁派、义斋翁派、澹斋翁派、敦素翁派，其中十六代嘉遁翁即陈陂马厝岭翁氏开基祖。族谱载十三代时陈陂已有翁氏地。传说陈陂翁氏是从搭寮守墓开始，渐次买田置舍定居发展起来的[2]。现在的上翁厝、下翁厝翁姓，都是次三房嘉遁翁派下，已繁衍至第三十三代。

马厝岭刘氏，属入岩始祖竹坡公第三子兰轩公后裔。其先原居江西兴国府庐陵县三塘十九都，竹坡公迁居小池京源，为入岩始祖。二世幽贞（长）、兰轩（三）、儒轩（四）三兄弟迁至龙岩盆地，分别为大洋、陈陂、小洋的开基祖。刘氏在陈陂已繁衍至第二十一代。

马厝岭徐氏，四世祖德六公从莆田迁来龙岩西山社条围，八世祖紫辉公开基陈陂，至今繁衍至第二十一代。

马厝岭傅氏，据说始祖万隆公系从浙江清河（？）迁来，至今繁衍至第十九代。

二、大洋村

大洋村王氏（天成户）入闽始祖恕斋公，讳秉义，光州固始

---

① 龙岩《翁氏族谱》卷4《祠堂》，民国二十八年家刻本，龙岩市图书馆、博物馆藏。

② 龙岩《翁氏族谱》卷4《丘墓》。

人，宋时宦游闽省，为漳州六都兵马使，生子德斋、仁斋。迁岩始祖为三世信斋公（南宋德祐元年至元至正四年，1275—1344年），授龙岩县尉，任满遂家焉，"厥后枝分叶布，散居郭外，渐成望族"。本村始祖为十五代康牧公（崇祯十二年至康熙三十六年，1639—1697年），属清野公房梅朋公支，由本乡条围村迁来。

大洋村林氏，属宋庆元间自德化县仁里梓溪迁岩始祖林起东公（讳商隐）的次房长愚斋公派竹溪公支。起东公第四世愚斋（讳宜庆，字必善）开本族次房派。六世朴轩（讳缵，字子榕）开次房长愚斋公派，时在元末。九世竹溪（讳鉴，字文光，自号钓叟）开基大洋，时在明中叶。① 现在的大洋村林氏，都是九世竹溪公的后裔，已繁衍到第二十五代。

大洋村蒋氏，属元末迁岩始祖翠冈公的长房系寒柏派仪所支。其先世莫能详考，龙岩《蒋钟英族谱》卷二《远祖世次纪》仅载四世。一世世英，二世伯达，居福州闽县嘉泉里螺洲城门。三世贵聪、贵兴四兄弟，宋季避兵居漳州。四世子禄翠冈公，贵兴次子，生于"元统元年甲戌"（应为二年，1334年），卒于明建文元年己卯（1399年），载入岩始祖。明正统五年（1440年）龙岩三世祖蒋廷佐（辅）所作《族谱引》记其父口述云："昔汝之高祖以前，则莫之纪，盖忘其详。汝之曾祖曰贵兴，始自福之闽县，避兵于漳州，遂家居焉。奈丁元季，草雄角勇，荡析离居，亦莫考其详。汝之祖父曰子禄，脱出兵燹之后，遁于龙岩，筑居在城，置田一区，以为经营之始。幸逢明太祖高皇帝御登宝位，四海奠安，遂隶籍而为民。"② 可见，蒋氏是"由闽（县）分支入漳，由漳分支入岩"③ 的。

蒋氏入岩之后，肇基于新陂山麓，继而移至州前学宫之后。

---

① 龙岩《林梅亭族谱》卷1。
② 龙岩《蒋钟英族谱》卷1《族谱引》。
③ 龙岩《蒋钟英族谱》卷1《户籍记》。

至五世，支分为三，六世长房寒柏派居武安坊。十一世寒柏派仪所支的水涯公（讳湘涟，名祥官，康熙三十九年至乾隆四十六年，1700—1781年），"营生于湖北之车湾"，"生积饶裕"，死后归葬龙岩州城之北。其三子十二世需宏公（名寿，又作受，乾隆五年至嘉庆十六年，1740—1811年），"又建大厦于西山，叔侄同居，名其堂曰物恒"①，其址在西山社大洋双圳头。现在大洋村的蒋氏，都是十二世需宏公的后裔。

大洋村魏氏、蔡氏、许氏、章氏，已无谱牒查考。

三、联合村

联合村王氏，始祖均德公，宗谱称为"唐进士，任武平令，时黄巢作乱，避于宁化石壁峒，立基业于武平县"②。父名继溪公，原系南京乌衣人氏，有十子，九子万九郎（二世）有子二，其中长子仲六郎（三世）有子二，其中长子千四郎（四世）有子名念兴（五世），即村尾王氏开基祖。依此谱系，王氏定居本村应在北宋，但前人已疑其误。光绪六年（1880年）二十代裔孙王秉权作《王氏宗谱序》，便指出："始祖之由来以及上祖生卒之年月，俱莫明矣，以世代推之，来自元季间。"

联合村黄氏，"始祖考念四郎，字源泰，生于汀州府宁化县石壁下，自宋时移来永定县太平里悠湾蔡家坊（引者按：当时属上杭县）居住"③。蔡家坊即今本村黄屋。四世四十三郎开居今本村凹上，十世宗琦公开居今本村寨墩下。

---

① 龙岩《蒋钟英族谱》卷2，蒋翎《需宏叔父大人行状》。
② 悠湾《王氏宗谱》，光绪六年抄本，龙岩市红坊镇联合村王氏藏。按武平在唐时为镇，南唐保大四年（946年）升为场，宋淳化五年（994年）升为县，均德公在唐时任武平令是不可能的。王氏宗谱记始祖来自宁化石壁，这是客家寻根造祖的普遍规律，不必深究。
③ 悠湾《黄氏宗谱》，清末抄本，龙岩市红坊镇联合村黄庆陶藏。

联合村邓氏，"自唐末由河南入闽，由闽而徙居宁化"①。十五世即南宋时，普公三十公四子分迁龙岩后田、宁洋、龙岩万安涂潭、晋江廿八都，慈公三十六公五子分迁上杭悠湾、漳州长泰、延平、永安、泉州安溪湖头。本村一世祖均甫公，"生卒无据，以世次计之，当在南宋咸、德间（1265—1276年）"。

联合村简氏，闻有族谱，但未访得。而赖氏已无族谱。

陈陂、大洋和联合村的各个宗族，都是以血缘关系为纽带、以房支阶序为依据组合起来的。但又存在下列不同的情形：

第一，陈陂头陈氏、马厝岭翁氏/徐氏、马厝岭和大洋刘氏、中洋和大洋林氏、大洋王氏/蒋氏/邱氏，都是龙岩早期移民宗族支分派衍的"小宗族团体"。他们依附于"大宗族"，有共同的祖祠、系谱、族产和祭祀活动。

第二，联合村王氏、简氏、黄氏、赖氏是闽西客家移民独立发展而来的宗族，陈陂马厝岭傅氏是从浙江迁来繁衍的宗族，他们和龙岩同姓大宗族没有血缘关系，不参与宗族活动。

第三，联合村邓氏、陈陂白头张张氏都是客家宗族，但这两个姓氏的先祖在早期移民过程中已分衍到龙岩，清代寻根认宗而整合出"大宗族"，建立总祠、族产，从而有共同的祭祖活动。

第二节　祠堂

一、陈陂村

陈陂头有陈氏祠堂六座。十七世敦湖公祠堂在团蛇形，建造年代不详，今已废，只剩大门和正厅一角。十八世龙贤公、默宇公祠堂在牛角厝，两座并列，同一个围墙，俗称"双竖垄"。默

---

① 悠湾《邓氏宗谱·条例》。

图38　陈陂村陈氏宗祠

宇公祠堂名"积庆堂"，建造年代不详，奉祀十八世默宇公考妣暨历代诸祖考妣，1992年重修（图38）。十八世兴明公祠堂在后厝，坐北向南，建造年代不详。二十一世功禄公祠堂也在后厝，坐南向北，建造年代不详。二十三世伯仲公祠堂在下厝，建造年代不详。

马厝岭有陈氏祠堂两座，堂号不明。和公祠在1958年建风动厂时拆毁，另一座已废。

白头张张氏祠堂有三座。最早的是"追远堂"，奉祀开基祖法宏公以下神主，址在月形仔，建造年代不详，70年代废祀，只剩大门和正厅一角，祠前池塘亦填为农田。"启诚堂"，原址在蛙形，不知何时改建于今址井头磐，调查时尚存。"敦本堂"，又名新祠堂，址在禾埕尾，调查时已废，只剩正厅。祖厝公厅共有七个。

马厝岭张氏祠堂"西耕堂"，奉祀西耕公以下祖先神位。张氏大宗祠在城内公园脚下，为龙岩张氏总祠，俗称九户张祠堂。

马厝岭傅氏祠堂"德星堂"，奉祀始祖万隆公以下祖先神位。

马厝岭翁氏祠堂"绍桂堂"，在上翁厝中央，是次三房嘉遁派支祠，建造年代不详。祠内厅堂奉祀第十四代祖以下本派神主。另外，在下翁厝有公厅（图39）。翁氏大宗祠在永宁门外，旧名后孟，明万历十九年（1591年）建。祠内上堂并建三厅，中厅安三龛，正龛奉祀第一代至十代祖考妣神主，左右龛分祀长次两房第十一代至十七代香火；左厅专祀福德土主，右厅并祀象贤。清嘉庆十八年（1813年）重修，晋第一代至十三代祖神主崇祀正龛，第十四代祖神主分祀左右龛首，第十五代以下香火悉修神牌。左厅加塑土主神像，右厅仍祀象贤。①

图39 下翁厝翁氏祠堂公厅

中洋林氏祠堂在曹溪下寮，奉祀开岩十三、十四世祖以下神主。本村有公厅六个。

马厝岭徐氏祠堂"祖德堂"，俗称老厝，奉祀八世祖紫辉公以下祖先神位，已圮废。十三世祖厝"振兴堂"，俗称新厝，调查时有公厅尚存。

马厝岭刘氏祠堂"肇馨堂"，建造年代不详。祠内中厅两侧有乡进士、太和知县裔孙登洲偕男乡进士、会昌知县拔元所作木刻对联（图40）：

① 龙岩《翁氏族谱》卷4《祠堂》。

图40 马厝岭刘氏祠联

规模绍世德之灵爽，右穆左昭，将见云礽凤起；

庙宇萃陈坡之精华，山环水秀，伫看甲第蝉联。

二、大洋村

大洋村林氏祠堂有五座。祖祠"明禋堂"，是次房长愚斋公派支祠之一，明中叶八世祖东廓公（讳祉，字硕桢）创建，今俗称新祠堂，大门上横匾"林氏宗祠"犹存（图41）。"继兴堂"（俗称曹仔厝）和上祠堂（堂号失考，已塌废），奉祀一世祖以下本房祖先神位。达英公祠堂，在达英楼内，1933年焚毁。"树德堂"，俗称瑞河厝，在村委会不远处，奉祀十六世希前公以下本房祖先神位（图42）。祖厝"破厝仔"、"永德堂"（十六世）、"济德堂"（十七世聘庄公，俗称林金厝）都有公厅。

图41 大洋村林氏宗祠

图 42　大洋村林氏树德堂

大洋村刘氏祠堂，有上厝"嘉兴堂"、下厝"裕乐堂"，还有支祠约三座，均已拆毁。

大洋村蒋氏祠堂系开基祖厝，堂号"物恒堂"，建于清乾隆五十年（1785 年）左右，奉祀水涯公，附祀本派，属龙岩蒋氏长房支祠。大宗祠名"钟英堂"，"址州前坊，……正龛首座奉祀翠冈公。左龛中祀外祖连思敬公暨姚叶氏；两旁一崇德，奉祀云山公；一象贤，奉祀历代科第仕宦。右龛附祀大宗遗下香火"。

魏氏祠堂号"西林堂"，另有公厅（私祠）两个。大宗祠在苏溪（今属西城）。

蔡氏祠堂"积庆堂"，址在村委会附近，已拆毁。

许氏在本村只有公厅一个，祠堂在市区北门。

章氏祠堂有两座，一在村委会旁，一在岩中路中段。

三、联合村

联合村王氏有祠堂两座。王氏宗祠在村尾土名下屋背后的坡上，始建年代不详，正龛供奉始祖以下神位牌，不设个人神主牌。神位牌上方大字为“太原王氏世系”，中书始祖至五世祖神位，左右为六世祖以下神位。1986 年重修时，补设神位牌两块，此前出生的男孩（第二十七代及以上）均将官名（死后名称）写在神位牌上。大宗支祠一个，20 世纪 70 年代毁于火灾。

联合村黄氏有祠堂三座。祖祠在蔡家坊（今黄屋），建造年代不详，嘉庆九年（1804 年）改造，供奉始祖以下神牌。“恩尚祠”在凹下小学后面，始建年代不详，嘉庆十五年（1810 年）重修，供奉四世祖四十三郎派下子孙神牌，已废。“寨墩下祠堂”在寨下黄屋旁，始建年代不详，乾隆五十一年（1786 年）改造，嘉庆二十三年（1818 年）重修，同治十一年（1872 年）重修，供奉十世宗琦公派下子孙神牌。

联合村邓氏有祠堂五座。祖祠在蔡家坊山下，俗称“山下祠堂”（图 43），建造年代不详，乾隆四十八年（1783 年）、嘉庆十二年（1807 年）、光绪三十一年（1905 年）、1986 年重修，调

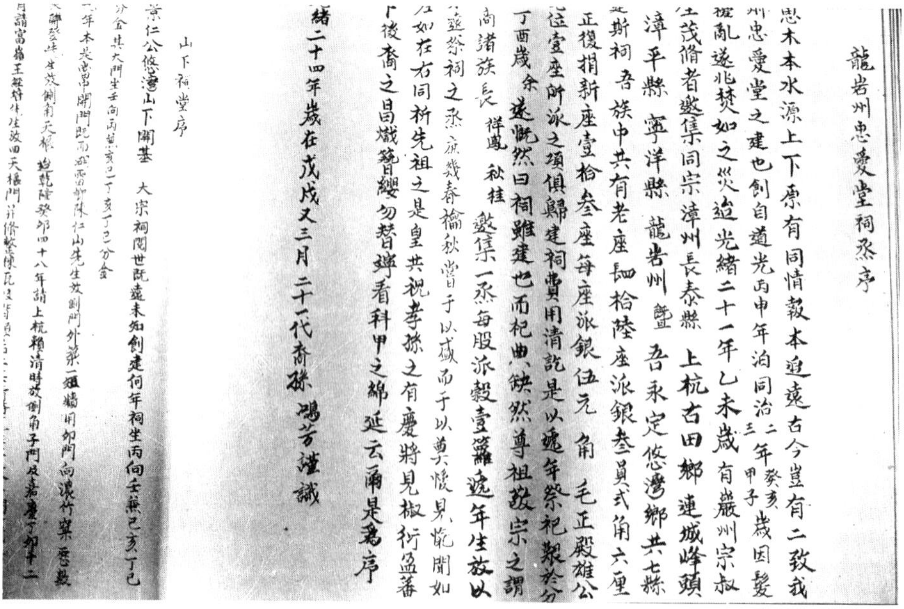
龍岩州忠愛堂祠系序
忠木本水源上下原有同情敦本追遠古今豈有二致我
州忠愛堂之建也創自道光丙申年洎同治二年癸亥 三年甲子 歲因髮
亂遂兆焚如之災迨光緒二十一年乙未歲有巖州宗叔
茂脩者邀集同宗漳州長泰縣 上杭古田鄉連城峰頭
漳平縣寧洋縣 龍岩州 暨 吾永定悠灣鄉共七縣
斯祠吾族中共有老座卌拾陸座派銀叁員式角六厘
正復捐新座壹拾叁座每座派銀伍元 角 毛正殿雄公
從壹座所派之項俱歸建祠費用清訖是以遞年祭祀聚於分
丁酉歲余 遂慨然曰祠雖建也而杞典缺然尊祖敬宗之謂
商諸族長 祥鳳 秋桂 邀集一系每股派穀壹籮遞年生放以
延祭祠之系庶幾春禴秋嘗子以感而子以奠慨見乎聞如
如在右同祈先祖之是皇共視孝孫之有慶將見椒衍盈蕃
後裔之昌熾簪纓勿替婢看科甲之綿延云爾是為序
緒二十四年歲在戊戌又三月 二十一代裔孫 鴻芳謹識

山下祠堂序

图 43　邓氏宗祠龙岩州忠爱堂、山下祠堂序

查时尚存。明万历三十年（1602 年）承买黄泥坪屋场（今邓屋），三十余年后九世秉益、秉兴、秉盛昆第营造祠堂，俗称"黄泥坪祠堂"（图44），乾隆三十七年（1772 年）、嘉庆十七年（1812 年）、同治三年（1864 年）重修，调查时尚存。原供奉始祖以下木主，嘉庆十七年重修才改为神牌。其余三座为建于乾隆三十八年（1773 年）的"寨洋祠"和"寨洋小宗祠"，建于乾隆戊子（1768 年）的"怀中堂超五、云凯二公开基小宗祠"，已倒毁无存。

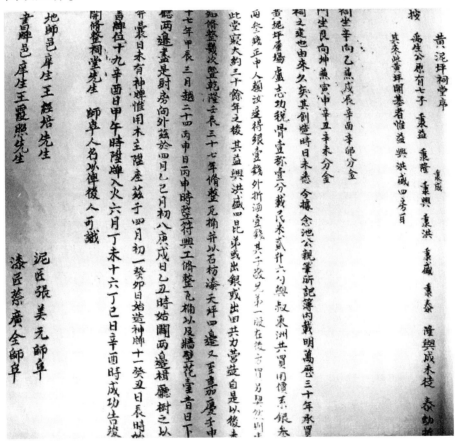

图44 联合村邓氏黄泥坪祠堂序

联合村简氏有祠堂一座，建造年代不详。

联合村赖氏有祠堂一座，建造年代不详，年久失修，堆放杂物而已。本村赖氏人户稀少，未另设公厅。

陈陂、大洋和联合村的祠堂，个别始建于明季，绝大多数是清代营建的。定居时间长、人丁众多的宗族，形成宗祠—房支祠—祖厝公厅的祭祀系统，并与大宗族的总祠相衔接，有阶序完整的大小祠堂。定居时间长但人丁不盛的宗族，或只有一个祠堂合祭本村始祖以下祖先牌位，或未设祠堂仅设公厅。祠堂的多少，与宗族繁衍的盛衰、经济力量的厚薄紧密相关。

在田野观察，陈陂、大洋村的祠堂一般是砖瓦建筑，规模一般都有两进、三进；联合村的祠堂多为生土建筑，规模也较小。由于 20 世纪下半叶的社会变迁，祠堂多已废圮或改作他用，很难了解其旧观了。

第三节　宗族组织的功能

清代是陈陂、大洋和联合村宗族组织的强盛时期。各族纷纷建立祠堂和族田、修撰族谱，并以族田为经济基础，通过祭祀祖先、救济贫弱、赞助教育等活动，发挥宗族凝聚族人的作用。

陈陂、大洋和联合村现存的族谱很少，即使有也只是房支系谱的记录。从市博物馆、图书馆和其他农村访查到的若干大宗谱，似乎可以作为参考背景。

大洋村蒋氏，属蒋钟英长房支派。据《蒋钟英族谱》所载，大宗祠堂有"钟英堂""善庆堂""德兴堂"三座，均在城内；长房祠堂有"肇禋堂""物恒堂"，二房祠堂有"竹苞堂""宝纶堂"，三房祠堂有"登阙堂""跻宁堂""瑞昪堂""敦仁堂""九睦堂""承德堂"，分散在城内与农村。祠产计有田段：葛坂等处早晚租一百七十桶，小池社早租一百九十桶零八分，外山前社黄田陂早租三百二十七斗，雁石社坂尾乡早租一百七十二斗五升六合，平林社蒋武乡早租一百九十桶零四分；店房五所，仓厝二所，山场六片。

大洋村王氏，属龙岩王天成户二房支派。据《王氏天成户族谱》所载，"苍岩祠基"有"本源堂""有谷堂"（均在城内）和"永锡堂"（在西陂乡条围村），"各房小宗祠"有"三槐堂""植槐堂"（图45）。"永锡堂"祠产有："买管尝田"六段，早晚租谷计八十四桶；"祭坟尝田"四段，早晚租谷计八十七桶；"永锡堂尝田"六段，早晚租谷六十七桶；"萃槐课田"六段，早晚租谷一百零六桶；"振声福"田二段，早晚租谷五十二桶；"隆祀福"水田一段，早晚租谷二十四桶；"清明福"水田一段，早晚租谷四十四桶。

图45　大洋村王氏植槐堂

由此可知，清代龙岩宗族组织的祠堂、族田、系谱等要件基本齐备，符合传统规范。

宗族组织以"敬宗""收族"为目的，往往通过族规、禁约对族人加以规范。王氏天成户的规约规定：

一、敬祖之道，乃子孙职业所当尽也。然敬祖莫先于世守祖宗德业。为吾宗族者，求其先人德行事业可遵可法者，躬行实体诸身，世世讲之，俾后之子孙知所劝勉。睦族之道，所以明长幼、别尊卑、敦同姓、笃亲亲，为吾宗族者不可不举。如遇冠婚、丧葬，随宜庆吊；或遇水火、盗贼，量力保助；与夫祭祀、宴饮之间，尊卑长幼昭穆不可失序。如此则无忝所生。所谓视宗族如路人者，无有也。

一、祭祀之礼，乃子孙报本之道。如遇春秋祭祀，子孙皆登坟台，以知墓所，庶久远不致遗失；而祭品或丰或俭，务在致洁，以尽其敬。各派墓所祭品，随宜亦可。

一、重孝弟以敦天伦，如木之有根、水之有源。吾家簪缨裔胄，仁让克敦久矣，但良莠不齐，间有秉性凶顽、不遵规训、敢于父兄面前肆行无忌及使气逞凶者，家长即着壮丁到祖祠，察情轻重为惩儆。而妇女敢诟谇公姑者，一体施行，决不轻恕。

一、勤事业以循职分。智愚贤否，莫不有事；士农工贾，莫不有业。各循其业，各尽其职，慎毋自毁其身、甘为众叔侄所弃，则幸甚。

一、重读书以养人才。子孙无问智愚，经书不可不读。欲知礼义、识廉耻，惟于读书得之；欲振家声、光耀祖宗，亦莫不以读书得之。故族中有子孙资识聪明、拘于家贫而未就者，为伯叔兄弟辈宜劝勉资助以奖成之。

一、族中贵以逊让为先，切不可恃强凌弱、倚众暴寡。纵有田土钱财、鼠牙雀角，必先投明家长，剖判曲直，赴质公庭。如敢擅自控告者，即以违规论。

一、宰牛煎硝，有犯例禁；包娼窝赌，俱干法纪。况召集不逞之徒，则奸宄易以潜踪；昵处好闲之辈，则家资因而立竭。情有难恕，法所不容。吾家子姓蕃昌，散居村落，窃恐匪类勾引，最易蹈此弊端。倘有故犯此条者，家长缚到祖祠，痛加理斥，如敢恃顽不遵，定行呈官究治。

一、族中无主坟墓，或有不肖子孙盗挖盗卖，罪莫大焉。查出送官究治，仍革出不许入祠登坟。

一、禁族中子孙，永不许当屯粮仓库四科房胥，以免累祖之害；并不许充当衙役。如违革出，不许登祠坟与祭。

一、禁无故出妻。如违，不许登祠坟与祭。

族规反映了宗族在祭祀祖先、族内管理、守望相助、救难济贫、奖助教育等方面的功能，是"乡族自治"的重要内容。

在奖助教育方面，宗族除了帮助族内贫穷子弟读书，还给予考取功名者数额不等的奖励。如大洋《刘氏木轩房族谱》载有《众议规条》，规定：

一、子孙入文武泮者，众送衣巾银陆两清广，务须备大三牲壹副告祖，祭品归众。

一、子孙纳监者，众送衣巾银肆两清广，务须备大三牲壹副告祖，祭品归众。

一、子孙捐例贡、俊秀贡者，众送旗费银陆两清广，务须备大三牲壹副告祖，祭品归众。

一、子孙列恩、拔、副、岁者，众送旗费银捌两清广，务须备大三牲壹副告祖，祭品归众。

一、子孙补廪者，众送费用银肆两清广。

一、子孙赴乡试者，众送赆仪银贰两清广。

一、子孙登科者，众送竖旗银壹拾两清广，务须备大三牲壹副告祖，祭品归众。

一、子孙赴会试者，众送赆仪银肆两清广。

一、子孙登甲者，众送竖牌坊银壹拾陆两清广，务须备大三牲壹副告祖，祭品归众。

一、子孙能出仕赴任者，众送赆仪，随时远近酌量裁夺。

宗族之间的地界、水利纠纷，是传统农业社会经常遇到的矛盾。小者在宗族间协调解决，大者酿成宗族械斗，或控官公断、出示禁止。前者如康熙五十七年（1718年）蒋、林二族争讼地界，订立合约：

> 立合约字人蒋英侯、林灼甫。今因蒋家祖坟水沟在林家祖田塍边，过林家之田、蒋家山脚下止，以致两家争讼公庭。蒙王老爷着保约陈儒上劝处，两家情愿照旧□修通水沟，仍付蒋家出水，立界石为记。其两家自立约之后，各照界止永远掌管，蒋家不得混争林家之田，林家不得混塞蒋家之水沟。日后两家相安和好，子孙永远照界掌管，不得异言生端等情。此系二比甘心情愿，今欲有凭，用立合约二纸为照。
>
> 康熙五十七年九月　日。立合约字人：蒋英侯、林灼甫。代字见人：林致可、陈惟士。保约：陈儒上。

又如宣统二年（1910年），王、章二族为解决在陈陂村的土地纠纷，订立合约：

> 立合约王达初公众、章锦波。原王达初公坟后一带水田，多系王姓所管；旁有田大小贰丘，系章锦波所管。因章姓在该田开造草窨，王姓颇有闲言。兹凭公劝得章家停工勿做，劝得王姓贴章家开造费坟兑佛银伍拾员，从此照旧相安，永敦邻好。两姓均听处息事，自今以后，永作水田耕种，不得再造坟屋，王姓亦不得借有贴费另生枝节。今欲有凭，立合约二纸，各执一纸存照。
>
> 宣统贰年庚戌贰月　日。立合约人：王仰高、王镇衡、王缵侯、章锦波。公亲：魏笃山、陈碧琳、魏浣江、林养钟、章士彬、章献堂。代书：郭堂春。

后者如万历十六年（1588年）龙岩县发给蒋氏的"照帖"：

漳州府龙岩县为乞恩给照事：本年三月拾五日据在坊二图民蒋成礼诉称，"承父有东山山场，界址自磨刀坑起，至师姑隔止，屋基捌玖所，坟葬数十穴。原在本山坑头筑圳开垦邋田，冬成缺水，仍于坑尾陂礼山脚下凿圳，流灌礼田。本山坑顶崎岖，另由平仑划围界，管历多年。异料地方土恶交结，弊猾无已，先近谋势欺冒，具告本县老爷黎。蒙爷台洞烛明白，又因准榜该社庙示谕附近居民，不许窃伐松木、盗葬风水、内外结固、谋从制陷甚至群虎攻羊。礼思守法者少，奸顽者多，告乞给帖存照，庶奸顽不得盗葬，势豪不致侵混，坟木借以畅茂，恩泽及于枯骨"，等情。

据此，看得事关山场、屋基、坟墓、圳田，随差老人郑仁现前去东山地方，会同总甲赖何兴等查勘去后。续据回称，"蒋成礼山场，上自磨刀坑坑头山顶起，至下师姑隔止，屋基拾玖所，坟墓数十穴。原在本山头筑圳，缺水仍于坑头起陂礼山脚下凿圳，流灌礼田。先年另摘山面平仑划立火围，今又每年出谷捌箩与祖居邻近邱茂漉、吴日昭收领，结立合同，巡视看守修划，约证先有上手吴本瑚摘卖吴成忠转与邱宅作墓壹穴火围，又礼与庵兜只墓壹穴亦有小火围，又林维选只墓壹穴，又陈八只火坟壹小穴，又林宅只坟壹穴，又柯廷高只坟壹穴，又苏宅只坟壹穴，礼告案断明白，俱在成礼山场内，逐一踏勘查明"，呈报到县，复查无异，理合给照。

为此帖付蒋成礼执照掌管：依契载山场自磨刀坑火围外直至坑头顶山，另摘山面平仑火围师姑隔止，内屋基、圳田、礼续做坟墓等项物业，永远承管，不许附近居民人等盗葬风水、寄埋烧尸、窃伐松木、伤害祖坟，及朦胧结党、投献势豪、谋占制陷等项情弊，如有故违不遵者，许即执帖呈究治罪。须至帖者。

右帖付蒋成礼执照。准此。

万历十六年九月初四日给

又如光绪三十一年（1905年）龙岩州给王氏的"禁樟树示"：

花翎三品衔候补府署理龙岩直隶州正堂黎为示禁事：案据增生王瞻溥等呈控张永隆等"借伊等承管大条围祖祠后排中樟树荫木排尾有张家小坟故，将伊等界址掘毁，希图混占，并串邱九八将该樟树劈皮谋砍。现又有张来子土名张脚作，复带人将该樟树劈坏，投保验明理较，来反以横言吓制"等情，呈请示禁前来。除呈批示并限差查复外，合先示谕：为此示谕仰邱、张二姓人等知悉：自示之后，尔等不得谋砍该处樟树荫木，以免争端。倘敢故违，许王姓人等指名呈请究办，决不宽贷，其各凛遵毋违。特示。

光绪三十一年五月初八日给

从上述文书所载个案，可以了解宗族和官府融通的一面。宗族组织作为官府统辖下的基层社会组织，受到官府即国家权力的保护。

族谱因收录文献的标准受限，不可能记载宗族关系中消极的一面。如联合村邓氏因打官司卖掉大部分族产的事例，就不见族谱记录。而清代龙岩地方档案的散失，使我们更难深究了。

民国时期，陈陂、大洋和联合村受土地革命的影响，宗族组织的功能呈弱化趋势。在土地革命中，宗族组织的象征物——族田、祠堂、族谱受到不同程度的摧毁，族长受到打击。20世纪30—40年代，宗族继续组合，但远未恢复到清代的水平。各个宗族的族田数量偏少，废弃的祠堂重修的不多，祖先牌位焚毁后无法恢复，重修族谱的寥寥无几。田野受访者对宗族的源流支派、祠堂祭祀的祖先神位、族田等情况，大多不甚清楚。宗族活动仅维持家祭、祠祭、墓祭，以小群体为主，鲜有合族的行动。还有的宗族一蹶不振，几乎没有宗族性的活动。在这些社区都没有宗族械斗，宗族的社会作用逐渐淡出历史。

第四节 会社

陈陂、大洋和联合村的地缘民间组织，普遍存在的有两大类：一是经济互助性的"合会"，第二章已述；二是民间信仰的"神会"。

神会有两种，一是庙宇组织。如陈陂村的朝西庙，设总理一人、副总理多人（图46）；大洋村的吴公庵，设总理一人、协理多人。主要组织神诞节日的祭祀和迎神赛会、寺庙的日常管理，经费主要是善男信女的自愿捐充和庙产的收入。

图46 陈陂村朝西庙总理名单

二是"尝会"，以共同筹办某一神祇的祭品、合办祭祀活动为目的。合会者入股缴纳会钱或会谷，置产收租，以地租收入供祭，祭祀后按股份分给祭胙，或按股人数参加公饮。"尝会"在联合村比较流行，称为"尝季"，有"公王季""吴公季""天后季""地藏季""乡社季""雨水季""白石潭桥季""培植季"等，"季"应是"祭"的俗字。

邓学林藏旧杂记册中记有十三世祖熙卿公（万历四十五年至康熙十六年，1617—1677 年）到十七世祖周福公（乾隆九年至嘉庆二十年，1744—1815 年）等参加的"蒸季"（图47、表14）。

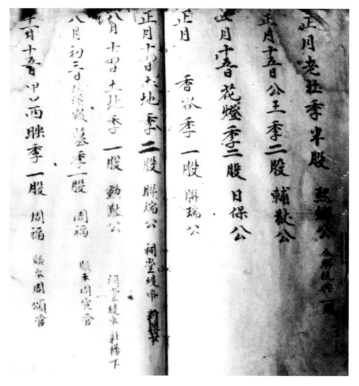

图 47　联合村邓氏的"蒸季"

表 14　联合村邓氏十三至十七世名下尝会

祭时	会名	股份	入股人	备注
正月	老社季	半股	熙卿公	同联统共一股
正月十五日	公王季	二股	辅猷公	
正月十五日	花灯季	二股	日保公	

续表

祭时	会名	股份	入股人	备注
正月	香谷季	一股	联瑞公	
正月十四日	土地季	二股	联瑞公	祠堂烧纸
八月十四日	土地季	一股	勋猷公	祠堂烧纸，新楼下
八月初三日	坟溪岭墓季	一股	周福	账本周宣管
十一月十五日	甲口西映季	一股	周福	账本周颂管
□□初九日	观音季	一股	周福	账本轮流管
	新盛季	三股	周禄	账本周宣管
□月十六日	义冢季	三股		账本周宣管
二月初二日	松山土地季	一股	周禄	账本周彩管
八月十五日	晨振隆季	二股	周禄	甲申年（道光四年，1824 年）起账本周勋、周彩二人管
五月十四日	关帝季	一股	周禄	乙酉年（道光五年，1825 年）起账本杨兆管
	光裕季	一股	联瑞公	乾隆三十八年（1773 年）起账本周彩管
八月初二日	风吹锣带墓季	一股		账本周彩管

邓桂洲藏民国三十四年（1945 年）六月吉日立分家阄书，列有"德馨名下蒸季"（表15）。

这些神会组织都是村民自愿结合的，只需缴纳一定的股金（或谷）、参加规定的活动。由于村民的信仰是多元的，同一个人往往参加多个神会组织。此类神会组织无形中加强了社区居民之间的联系，促进了社会关系的融和与地域的认同。

与合会、神会相配合，还有一些临时性的组合，如黑白喜事、迎神赛会时的乐队，都是业余为之，没有发展为正式的团体。

表 15　邓德馨名下尝会

祭时	会名	股份	祭时	会名	股份
正月初五日午	雨水季	壹股	七月三十日早	清水岩地藏季	壹股
正月初十日午	延树下公王季	壹股	八月十四日	白石潭桥季	
正月十四日早	兴公祠新蒸	壹股	八月十五日	梅树下土地季	壹股
正月十六日晚	普庵季	半股	八月十五日午	江公坑口土地季	壹股
二月社日	乡社季	半股	八月十六日夜	江公坑土地季	壹股
二月十四日午	吴公季	壹股	八月廿五午	湖洋坑培植季	壹股
二月十九日	本楼女人观音季	壹股	九月十六日午	隔口乡社季	壹股
二月廿日	隔口观音季	壹股		文进公墓季	壹股
三月	清明福生季	壹股		吴公接供季	壹股
三月廿一日午	大楼天后季	壹股			

　　武术团体有国术馆，俗称拳馆。民国时期社会动荡，龙岩各乡村多拳馆之设，以练武防身。挑货到南靖去的农民，一般都要练些棍术，以防匪徒抢劫。清末民初，陈陂村人徐秀寰集龙、虎、鹤、猴、蛇拳之精华，自成套路，谓之"五兽拳"。1933年回乡设馆教拳，颇有影响。[①] 大洋村在民初就有拳馆，从小池请来一位师父"东西蛟"陈桂芳，教习盘手（攻守之法），传授白鹤禅师红花祖拳法，招式有叠马二步半、四步尾、八步等。1937年，在上海精武体育师范学校毕业的大洋村人林伯炎从广西归来，在县城筹设"龙岩精武体育会"，并在上大洋和下大洋设立两个国术馆，收徒六七十人，传授上海精武拳术、太极拳。1939年林伯炎南渡新加坡，1947年归来恢复拳馆。[②]

---

　　① 龙岩市地方志编纂委员会：《龙岩市志》，北京：中国科学技术出版社，1993年，第736、860页。

　　② 陈达山：《纪念太极拳大师林伯炎》，载《龙岩文史资料》1996年第24辑。

第四章　婚姻

第一节　婚姻类型

龙岩人的婚姻类型和其他地区大致相同，主要可分为嫁娶婚、童养媳与招赘婚。依据武雅士（Arthur Wolf）的说法，我们把嫁娶婚称为大婚（mjaor marriage），把童养媳婚称为小婚（minor marriage）。

陈陂、大洋和联合三村受访者及其父母的婚姻类型都以大婚为主，小婚次之，招赘婚最少。调查采访所得婚姻类型之百分比，见表16、表17。

表16　受访者之婚姻类型占比

性别	田野点	个案数	大婚	小婚	招赘婚
女	西陂乡陈陂村	50	56%	40%	4%
	西陂乡大洋村	50	60%	38%	2%
	红坊镇联合村	50	86%	14%	
男	西陂乡陈陂村	50	72%	26%	2%
	西陂乡大洋村	50	82%	16%	2%
	红坊镇联合村	54	72%	20%	8%

表17　受访者父母婚姻类型占比

性别	田野点	个案数	大婚	小婚	招赘婚
女	西陂乡陈陂村	14	52.9%	47.1%	
	西陂乡大洋村	50	84%	16%	
	红坊镇联合村	37	67.6%	27%	5.4%

性别	田野点	个案数	大婚	小婚	招赘婚
男	西陂乡陈陂村	32	62.5%	37.5%	
	西陂乡大洋村	50	78%	22%	
	红坊镇联合村	43	67.4%	32.6%	

将受访者及其父母两代人比较，大婚与招赘婚呈上升趋势，小婚则呈下降趋势。

将受访者以 1925 年前后出生分作两组比较，则是大婚呈上升趋势，小婚和招赘婚呈下降趋势，详见表 18。

表 18　受访者各年龄段婚姻类型占比

出生	性别	田野点	个案数	大婚	小婚	招赘婚
1925 年前	女	西陂乡陈陂村	32	46.9%	46.9%	6.2%
		西陂乡大洋村	36	52.9%	44.4%	2.7%
		红坊镇联合村	20	80%	20%	
	男	西陂乡陈陂村	38	71.1%	26.3%	2.6%
		西陂乡大洋村	35	77.1%	20%	2.9%
		红坊镇联合村	29	65.5%	27.6%	6.9%
1925 年后	女	西陂乡陈陂村	18	72.2%	27.8%	
		西陂乡大洋村	14	78.6%	21.4%	
		红坊镇联合村	30	90%	10%	
	男	西陂乡陈陂村	12	75%	25%	
		西陂乡大洋村	15	93.3%	6.7%	
		红坊镇联合村	21	81%	9.5%	9.5%

第二节　婚域与婚龄

一、婚域

根据陈陂、大洋、联合三村各 50 名女性受访者出生地的调查资料，可知村民选择配偶的地域范围（简称婚域），见表 19。

表 19　女性受访者的出生地结构（人数/占比）

村名	本村	本乡	龙岩	永定	其他县市	外省
陈陂	9/18%	10/20%	30/60%			1/2%
大洋	7/14%	11/22%	32/64%			
联合	7/14%	2/4%	7/14%	30/60%	2/4%	2/4%

陈陂和大洋村民的婚域主要是龙岩盆地四周操龙岩话的其他乡村，如附城、曹溪、龙门、东肖、红坊、雁石，各占了 60% 和 64%。次为同乡（20% 和 22%），末为同村（18% 和 14%）。陈陂村一村民在台湾工作，娶台湾女子回乡，只是一个特例。

联合村原属永定县，村民的婚域主要是永定县与龙岩交界地带操客家话的乡村，如高陂、坎市、抚市，占 60%。次为同村（14%）和龙岩市域内操龙岩话的红坊、白土、龙门等乡镇（14%）。末为同乡、其他县市和外省（均为 4%）。

值得注意的是，联合村的婚域反映龙岩与客家两大文化群体互动的情形。由于方言的差异，以及客家存在"客嫲（女）养客牯（男）"的现象，龙岩女子一般不愿嫁给客家人，但这并非绝对的。从该村王氏宗谱的记载，可知龙岩人与客家人之间的通婚关系已持续约四个世纪。兹将宗谱明确记载的该族从十一世（明弘治、嘉靖年间）至二十三世（清光绪至民国初年间）男女婚域及人数，整理为表 20。

表20 联合村王氏历代的婚域与人数

世代	性别	同村	同乡	永定	龙岩	其他县市	外省	总计
11 世	男	1	1	3	2			7
	女			1	1			2
13 世	男			3				3
14 世	男		1					1
	女	2			1			3
15 世	男	1		1				2
	女	4		7				11
16 世	男			2	1			3
	女	1		6				7
17 世	男	2		5	1		2	10
	女	5	2	13	1			21
18 世	男	1	1	14	3			19
	女	3	1	19	3			26
19 世	男	8	3	22	4		1	38
	女	2	1	20	2			25
20 世	男	5	2	28	6	1	2	44
	女	2		21	1			24
21 世	男	5	1	40	7		2	55
	女	3		10	4			17
22 世	男	1		9	3		2	15
	女	1	1	5				7
23 世	男	1		6	2			9
	女	1		4				5

可知从明代中叶到清末民初，联合村的婚域主要是永定县与龙岩交界的操客家话的乡村，次为龙岩市域或同村，再次为同乡、其他县市、外省，和我们田野调查获取的20世纪上半叶的资料基本吻合，足以说明这一趋势是传统的沿袭。从外省娶妻，历代都是从广东，例外的一个是"廿二世万增公（彩逢公长子），字光舍，生于光绪六年（1880年）三月初一日。妻曹氏，台湾人，生于光绪十一年（1885年）六月廿一日"。

二、婚龄

二十岁以下是传统时代常见婚龄。龙岩传统时代男女婚龄没有特别俗例约定，遵行各地通行的习俗。龙岩明清两代，男子婚龄史志传记阙如，女子婚龄可从《列女传》窥得一斑，可为田野调查的参照。兹列为表21、表22。

表21　明《列女传》所载龙岩妇女婚龄

项目	姓名	婚龄	婚型
节孝	汪氏真奴	17	大婚
节孝	苏氏胜金	19	大婚
节孝	叶氏妙玉	18	大婚
节孝	连氏新玉	17	大婚
节孝	黄氏宽姐	18	大婚
节孝	刘氏	20	大婚
节烈	邱氏玉姑	17	大婚
节烈	蔡氏了姑	17	大婚
贞节	蒋氏二姑	18	大婚（冲喜）
节妇	张氏	18	大婚

资料来源：乾隆《龙岩州志》卷11《人物志下·列女传》

以上均为大婚，平均婚龄 17.9 岁。

表 22 清《列女传》所载龙岩妇女婚龄

项目	姓名	婚龄	婚型
节孝	连氏毕姑	19	大婚
节孝	魏氏南姑	18	大婚
节孝	黄氏	18	大婚
节孝	林氏	20	大婚
节孝	林氏敏姑	20	大婚
节孝	杨氏	18	大婚
节烈	林氏二姑	17	大婚
节烈	邓氏顺女	19	大婚
节烈	廖氏	17	大婚
节烈	范氏	20	大婚
节烈	林氏兰姑	15	小婚（8 岁当童养媳）
节烈	张氏	23	大婚
节妇	张氏	16	大婚

资料来源：乾隆《龙岩州志》卷 11《人物志下·列女传》

除小婚一例婚龄 15 岁外，都是大婚，大婚平均婚龄 18.75 岁。

我们在田野工作中获取的女性平均婚龄资料，与清代列女传所载并无二致。不同性别、婚姻类型的平均婚龄详见表 23。

表 23 受访者平均婚龄

性别	田野点	大婚		小婚		招赘	
		个案数	平均婚龄	个案数	平均婚龄	个案数	平均婚龄
女	西陂乡陈陂村	28	18.5	20	16.7	2	18
	西陂乡大洋村	30	18.5	19	16.3	1	16
	红坊镇联合村	43	18.7	7	18.1		

性别	田野点	大婚		小婚		招赘	
		个案数	平均婚龄	个案数	平均婚龄	个案数	平均婚龄
男	西陂乡陈陂村	36	22.8	13	21.8	1	31
	西陂乡大洋村	41	24.3	8	19.8	1	36
	红坊镇联合村	36	22.2	10	19.8	4	18.3

由此可见，婚龄一般是男大于女、大婚大于小婚。

第三节　聘金与嫁妆

一、聘金

聘金指男方付出的订婚礼金，龙岩俗称为"身价银"，意为所娶妇女的身价。在实际运作中，男方付给女方母亲或祖母的红包"洗尿屎银"（抚育辛劳费），应视为聘金的一个变种；而按风俗约定一定数额的"礼饼"，又是部分"身价银"折算的实物。因此，从广义上来说，聘金包含"身价银""洗尿屎银""礼饼"，而不包括其他各色彩礼。在田野调查中，我们采用广义计算聘金。

聘金在大婚中盛行，因家庭经济条件不同而多寡不一。只有若干男性受访者晚婚，即拖延到50年代才结婚，正值破除旧式婚姻，而不必送聘金。小婚一般不送聘金，但少数条件许可的，也曾送少许"洗尿屎银"表示意思。招赘婚则不行聘金。

陈陂、大洋和联合村受访者结婚时的聘金，有的是光洋（银元），有的是纸钞如国币、法币、金元券、银元券，币种不同。为了统计方便，我们一律折算为银元。折算的方法，一是受访者自估，二是我们依当年一般兑换比例代为折算。由于40年代币制纷更，通货膨胀严重，兑换比例波动极大，估算不可能精确；而部分 50 年代结婚者用人民币，以旧人民币 100 元折 1 银元，与实际比价也有一些差距，只能作为近似值。折算结果见表 24。

表 24　受访者的聘金

性别	田野点	大婚			小婚		
		无聘金人数	有聘金人数	平均（银元）	无聘金人数	有聘金人数	平均（银元）
男	西陂乡陈陂村	4	32	44.56	9	4	19
	西陂乡大洋村	15	25	45.76	8	1	3
	红坊镇联合村	9	27	196.33	10		
女	西陂乡陈陂村		29	43.41	17	2	12
	西陂乡大洋村	7	23	47.95	16	3	8.66
	红坊镇联合村	3	40	139.47	6	1	5

联合村的平均聘金大大高于陈陂、大洋村，这是因为地处山区，平原妇女不愿嫁入，本地妇女多想嫁出，故多买卖婚姻，费用较高。

二、嫁妆

嫁妆的平均数额，陈陂、大洋村高于聘金平均数额，联合村则低于聘金平均数额，详见表 25。

表 25　受访者的嫁妆

性别	田野点	大婚			小婚		
		无嫁妆人数	有嫁妆人数	平均（银元）	无嫁妆人数	有嫁妆人数	平均（银元）
男	西陂乡陈陂村	2	34	87.29	10	3	5
	西陂乡大洋村	3	37	63.51	7	2	16
	红坊镇联合村	11	25	58.48	9	1	2

性别	田野点	大婚			小婚		
		无嫁妆人数	有嫁妆人数	平均（银元）	无嫁妆人数	有嫁妆人数	平均（银元）
女	西陂乡陈陂村		29	82.58	16	3	23.3
	西陂乡大洋村	1	29	65	12	7	15.85
	红坊镇联合村	8	35	67.57	6	1	5

　　嫁妆中最具价值者一般是服饰、家具、现款或首饰。在大婚嫁妆中，它们的价值占比见表 26。

表 26　大婚嫁妆中部分项目价值占比

性别	田野点	个案数	无嫁妆	服饰	家具	现款或首饰	土地或房屋
女	西陂乡陈陂村	27		7.4%	74.1%	18.5%	
	西陂乡大洋村	30		26.7%	66.6%	6.7%	
	红坊镇联合村	43	16.3%	30.2%	51.2%	2.3%	
男	西陂乡陈陂村	36	2.8%	11.1%	75%	11.1%	
	西陂乡大洋村	40	7.5%	5%	77.5%	10%	
	红坊镇联合村	35	25.7%	71.4%	2.9%		

第四节　离婚与再婚

一、离婚

　　田野调查资料显示，陈陂、大洋和联合三村都有离婚现象，其婚姻类型及离婚率见表 27。

表27 受访者婚姻类型和离婚率

性别	田野点	大婚		小婚	
		个案数	离婚率	个案数	离婚率
女	西陂乡陈陂村	29	3.45%	19	
	西陂乡大洋村	30	3.33%	19	5.26%
	红坊镇联合村	43	6.98%	7	14.29%
男	西陂乡陈陂村	36	2.78%	13	7.69%
	西陂乡大洋村	40	2.5%	9	22.2%
	红坊镇联合村	36		10	10%

其特点是：

1. 在有离婚记录的受访者当中，婚姻类型有大婚和小婚，没有一个是招赘婚的。

2. 小婚离婚率大于大婚。

3. 离婚的原因有：双方感情不和、女方不能生孩子、男方外出音信全无等。

二、再婚

再婚有丧偶再婚和离婚再婚两种类型。

配偶死亡是人生旅程的一大悲哀。这三个村的受访者中丧偶者占比见表28。

表28 受访者丧偶年龄和比例

性别	田野点	个案数	30岁以下	30—39岁	40—50岁	50岁以上
女	西陂乡陈陂村	50	4%	6%	2%	26%
	西陂乡大洋村	50	6%	10%	12%	16%
	红坊镇联合村	50	2%	6%		8%

性别	田野点	个案数	30 岁以下	30—39 岁	40—50 岁	50 岁以上
男	西陂乡陈陂村	50	5%	5%	4%	12%
	西陂乡大洋村	50	4%	4%	2%	4%
	红坊镇联合村	50	2%	2%		18%

男性受访者丧妻的，陈陂村共 13 人，再婚 4 人，占 30.77%；大洋村共 7 人，再婚 3 人，占 42.86%；联合村共 11 人，再婚 1 人，占 9.1%。

女性受访者丧夫时年龄在 40 岁以下的，才有再婚现象，其丧夫年龄与再婚比例见表 29。

表 29　受访者丧夫年龄、人数与再婚人数

田野点	30 岁以下		30—39 岁		40—50 岁		50 岁以上	
	丧夫	再婚	丧夫	再婚	丧夫	再婚	丧夫	再婚
西陂乡陈陂村	2	1	3		1		13	
西陂乡大洋村	3	1	5		6		8	
红坊镇联合村	1	1	3	1			4	

男性受访者因离婚而再婚的，陈陂、联合村各 1 人，占 2%；大洋村 3 人，占 6%。

女性受访者因离婚而再婚的，陈陂村、大洋村各 3 人，占 6%；联合村 4 人，占 8%。

此外，陈陂村和大洋村还有个别二次再婚者。陈陂村男性受访者丧妻再婚后又离婚再婚的 1 人；女性受访者丧夫再婚后又丧夫再婚的 1 人，离婚再婚后又丧夫再婚的 1 人。大洋村男性受访者离婚再婚后又丧妻再婚的 1 人。无二次离婚者。

第五章　家庭与妇女

第一节　家庭的类型

龙岩历史上家庭结构的变迁，缺乏文献记载。我们尝试运用田野调查的口述资料，对陈陂、大洋和联合三个村的家庭结构予以重构。

依据人类学界的研究成果，结合田野调查的实际，我们把汉人家庭结构分成以下类型：

核心家庭（nuclear family），即小家庭，由一对夫妇及其未婚子女组成。

不完整核心家庭，即一对夫妇无子女的家庭，或夫妇仅存其一与未婚子女组成的家庭。

延展的核心家庭，即至少有两组血缘关系的核心家庭，也称复合家庭（composite family）。

单身家庭，即夫妇离异、分居或配偶死亡且无子女或子女均分家独立而父或母单身居住的家庭，或未婚的单丁独户。

主干家庭（stem family），亦称折中家庭，由父母和未婚子女与一对已婚子女组成。

扩展家庭（extended family），即大家庭，由父母和未婚子女与多对已婚子女组成，包括三代、四代甚至五代同堂。

同胞型扩展家庭，即父母去世后多对已婚子女和未婚子女组成的家庭。

三个村分类统计的结果如表 30。

表 30　受访者结婚时的家庭结构占比

家庭	田野点	个案数	单身户	不完整核心家庭	核心家庭	复合家庭	主干家庭	扩展家庭	同胞型扩展家庭
女性婚前本家	西陂乡陈陂村	46	2.2%	4.3%	73.9%		8.7%	10.9%	
	西陂乡大洋村	50	2%		66%		24%	8%	
	红坊镇联合村	43			30.2%	2.3%	60.5%	2.3%	4.7%
女性婚后夫家	西陂乡陈陂村	50			8%	6%	74%	8%	4%
	西陂乡大洋村	50			2%		84%	14%	
	红坊镇联合村	43			2.2%		60.8%	29%	8%
男性婚后本家	西陂乡陈陂村	50	2%			4%	82%	10%	2%
	西陂乡大洋村	49			4.1%	4.1%	75.5%	12.3%	4.1%
	红坊镇联合村	50			4%	2%	68%	24%	2%

第二节　分家

分家是家庭发展的必然结果，是家庭结构变化的一个重要因素。

一般认为，中国人的分家包括三要项：（1）成员分开而另组一家庭；（2）财产的分析；（3）祖先牌位的分开或分别祭祀。根据龙岩农村田野调查，第一项的标志是分灶吃饭；第二项是指土地和住房的分析，而以住房最普遍；第三项则指祖先牌位的分别祭祀，陈陂、大洋村是各备祭品在大厅祭拜，而联合村是各备祭品在祠堂祭拜。分灶吃饭，一般不认为是"已分家"；而祖先牌位分开祭祀，前代或许必须做到，但到受访者分家时已无此要求，可在同一地点分别祭祀。

在陈陂、大洋、联合村的男性受访者当中，分别有 22 人、21 人、21 人因无兄弟或兄弟夭亡、送养，不存在分家的问题；陈陂村有 9 人因为兄弟外出谋生（如去南洋、台湾和湖北），从未回乡，或杳无音讯，无从分家。个别是异母兄弟，早就分开吃住，无经济往来；或家贫如洗，兄弟分吃，也无所谓分家——在大洋村，属这些情况而分家的有 3 人，而联合村则无。

分家的时机，据田野资料，大洋和联合村以父母俱在时为多，陈陂村则以父逝母存时为多，见表 31。

表 31　男性受访者分家时父母存殁情况（单位：人）

田野点	个案数	父母俱在	父存母逝	父逝母存	父母均逝
西陂乡陈陂村	19	6	1	11	1
西陂乡大洋村	26	12	1	10	3
红坊镇联合村	29	23	2	4	

分家的原因，大多数是妯娌不和、兄弟不和、婆媳不和。其次才是父母年纪大，人口多，不便管理，兄弟各自做主好安排。分家前男性受访者与兄弟共食的，陈陂村占 63.2%，大洋村占 65.4%，联合村占 96.5%。分家时的平均年龄，见表 32。

表 32　男性受访者分家时之平均年龄

田野点	全体受访者		长子		中间诸子		幼子	
	人数	平均年龄	人数	平均年龄	人数	平均年龄	人数	平均年龄
西陂乡陈陂村	19	34.4	12	37	5	27.3	2	29
西陂乡大洋村	26	29.4	11	31.4	4	29.5	11	27.5
红坊镇联合村	29	29.3	14	32.5	6	26.7	9	26.2

在这三个村子里，分家已不像往昔那样举行隆重的仪式，一般是：父母主持的分家写立分书，兄弟协商的分家由房亲或母舅主持写立阄书，均由房亲长辈作公亲、中见人，签押为凭。习俗

以母舅为大，有的人家请母舅参与父母或房亲主持的分家，但由母舅主持分家的仅有 4 例。父母双亡或父逝母存，又没有什么家产的，则不请房亲、母舅，兄弟自己商定分家。见表 33。

表33　主持分家者的身份（单位：人）

田野点	个案数	父母	房亲	母舅	自己
西陂乡陈陂村	19	9	6	2	2
西陂乡大洋村	26	18	8		
红坊镇联合村	29	22	3	2	2

三个村受访者的分书、阄书大多无存，我们仅在联合村搜集到一件，系邓桂洲与其兄桂芳分家，于民国三十四年（1945 年）六月吉日立的阄书。因父逝母存，由族长和房亲主持，家产包括土地、房屋、蒸季和旧债等。其中土地有 42.2 箩谷，各分 6 箩，所余 30.2 箩和房间、菜地、苎地抽为蒸项，规定母去世时兄弟谁负责治丧则归谁，如两人共负则均分。所抽蒸项，实是母亲养老的老本。旧有债务归桂洲负责清理，本年园地出产归桂洲所有。门口轮耕田 1.6 亩，拨入建新灶的津贴。

这三个村子都有分家提留老本的习惯，但因家产不多，实际上做到的很少，陈陂村占 6.3%，大洋村占 4.8%，联合村占 6.9%。

长孙如幼子，在丧礼仪式上拿香炉，又较早承担家庭费用，习惯上应分一份长孙田或一房间。但因为家产很少，大多未分长孙田，分房间的也不多见。较常用的办法是象征性地分一些钱。

分家后，兄弟各自请自己的岳父母，而岳父母则送碗、盆、锅、箩筐等日用品表示祝贺。

分家后父母的奉养方式，陈陂和大洋村最多的是由某个儿子奉养，其次是在各个儿子家轮吃，最后是自办伙食。联合村依次是轮吃、由某个儿子奉养、由不同儿子奉养、自办伙食。

由某一个儿子奉养时，通常其他儿子要分担口粮，或给少量的生活费。自办伙食，则儿子们均摊口粮或生活费，个别父母不需儿子负担。轮吃都是以一个月为一轮。见表34。

表34　受访者分家后的父母奉养方式（单位：人）

田野点	个案数	轮吃	由某个儿子奉养	由不同儿子奉养	父母自养	父母已逝
西陂乡陈陂村	19	7	9		2	1
西陂乡大洋村	26	8	10		5	3
红坊镇联合村	29	14	12	2	1	

分家后父母的居家安排，有与长子生活、与次子生活、与三子生活、与其他儿子生活、单独生活等类，见表35。

表35　受访者分家后双亲的居家安排（单位：人）

田野点	个案数	与长子生活	与次子生活	与三子生活	与其他儿子生活	单独生活	其他
西陂乡陈陂村	16	2	1	1		12	
西陂乡大洋村	23	2	2	5	6	8	
红坊镇联合村	29	2	6	3	1	15	2

从上述实例，可知陈陂、大洋和联合村分家的一般趋势，即：分灶吃饭往往只是迈向分家的第一步，从第一个儿子结婚或某个儿子出外谋生便可能开始分灶，但村民普遍认为分灶不等于分家。而分产才是分家的主要标志，有一定的程序和仪式（虽然有的很简单）。至于祖先牌位的分别祭祀，一般没有被强调，村民也未意识到这是分家的要件。这大概是因为世代相传理应如此，同时也与宗族制度受到土地革命冲击而淡化有关。但分家后兄弟各备祭品，实质上已表明祖先牌位祭祀单元的分开。而陈陂、大洋与联合村在分家习俗上略有差异，是因为联合村较多保留了客家人的习俗。

分家后，原有的家庭结构，大多从扩展家庭分裂为若干核心家庭，进入新的家族结构演变周期。

第三节 妇女

妇女在家庭中扮演了重要的角色。妇女的生育关系到家庭的发展和家族的继承，而且妇女在家庭生计中也充当主要的劳力。

传统农业时代，妇女是否生育、是否生儿子，影响到在夫家的权力与地位；妇女劳动在家庭经济中的作用，也和在家庭中影响力的大小相关。

一、生育

生育是人口的再生产，涉及环境、社会和家庭等诸多因素。妇女的生殖能力，是其要素之一。

妇女处于可生育期的时间，可从初潮到停经的生理现象反映出来。女性受访者初潮和停经的平均年龄见表 36。

表 36 女性受访者初潮与停经之平均年龄

田野点	个案数	初潮平均年龄	个案数	停经平均年龄
西陂乡陈陂村	50	16.7	48	42.4
西陂乡大洋村	49	16.1	48	46.7
红坊镇联合村	50	15	50	44

即陈陂、大洋和联合村妇女理论上的平均生育期分别为 25.7 年、30.6 年、29 年。实际上，婚前来经的少，婚后才来经的多，亦即并非一结婚便进入生育期。见表 37。[1]

---

[1] 本书表 23 表明女性受访者婚龄平均在 16—18 岁，表 29 表明初潮平均在 15—16 岁，可知多数人初潮应在婚前；而表 37 表明多数人婚后几年才来经，婚前来经的很少，似乎前后矛盾。但数据均得自 30 多年前的田野调查，复经台湾方面用电脑录入统计，已无从查考核实，只好存疑。

表37 女性受访者初潮与结婚年龄之关系（单位：人）

田野点	个案数	婚前来经	结婚当年来经	婚后一年来经	婚后两年来经	婚后超过两年来经
西陂乡陈陂村	50	12	8	11	7	12
西陂乡大洋村	49	6	13	5	11	14
红坊镇联合村	50	4	3	7	6	30

在陈陂、大洋和联合村，妇女大婚、小婚和招赘婚的生育率基本相同（表38），不同婚姻类型对生育率并没有多大的影响。不过联合村妇女的生育率低于陈陂和大洋村，这与一般情况有悖，因为联合村地处更为穷僻的山区，生育率理应比另外两个村高。人口学的理论或许能解释：陈陂、大洋处于社会转型时期，经济快速发展，妇女的生育率也会相应提高。

表38 各婚姻类型的生育率

类别	田野点	大婚		小婚		招赘婚	
		人数	生育率	人数	生育率	人数	生育率
包括未再婚之寡妇	西陂乡陈陂村	28	6.89	20	6.55	2	7
	西陂乡大洋村	30	6.63	19	6.95	1	4
	红坊镇联合村	42	5.12	7	5.14		
除去未再婚之寡妇	西陂乡陈陂村	27	6.85	16	7	14	7
	西陂乡大洋村	22	6.77	16	7		
	红坊镇联合村	42	5.1	7	5.14		

小婚妇女被收养时的平均年龄，大洋村最高，为4.47岁；陈陂村最低，为3.2岁。陈陂村小婚妇女被收养时的年龄在3岁以前的占一半以上，而大洋、联合村大多在3岁以后。3岁以前与3岁以后被收养的妇女，生育率基本相同。见表39。

表 39　小婚妇女之收养年龄、比例与生育率

田野点	个案数	被收养时年龄	三岁前被收养者占比	三岁前被收养者生育率	三岁后被收养者生育率
西陂乡陈陂村	20	3.2	55%	6.45	6.67
西陂乡大洋村	19	4.47	36.8%	7.14	6.83
红坊镇联合村	7	4.14	42.9%	5	5.25

子女比例，陈陂村女性受访者为 1.04，男性受访者为 1.02，这与人口统计学男女出生性别比例 1.03—1.04 的数字基本吻合。而大洋村和联合村的生育性别比例在 1.17 至 1.27 之间，男孩的比例明显偏高。见表 40。

表 40　受访者子女出生性别比例

性别	田野点	个案数	男童数	女童数	性别比例
女	西陂乡陈陂村	50	172	166	1.04
	西陂乡大洋村	50	181	154	1.18
	红坊镇联合村	50	138	118	1.17
男	西陂乡陈陂村	50	169	165	1.02
	西陂乡大洋村	50	168	132	1.27
	红坊镇联合村	50	137	113	1.21

受访者子女 10 岁前死亡率，男孩死亡率陈陂村最高，为 39.5%；联合村最低，为 18.1%。女孩死亡率大洋村最高，为 29%；联合村最低，为 10.6%。见表 41。

表 41　受访者子女 10 岁前死亡率

性别	田野点	个案数	男童		女童	
			孩童数	死亡率	孩童数	死亡率
女	西陂乡陈陂村	50	172	39.5%	166	28.9%
	西陂乡大洋村	50	181	30.9%	154	29%
	红坊镇联合村	50	138	18.1%	118	19.5%

续表

性别	田野点	个案数	男童		女童	
			孩童数	死亡率	孩童数	死亡率
男	西陂乡陈陂村	50	169	29.6%	165	24.2%
	西陂乡大洋村	50	168	22%	131	18.2%
	红坊镇联合村	50	137	22.6%	113	10.6%

出生和死亡是人口自然变动的两个基本因素，是人类世代更替的基本现象，而出生是保证人类自我延续的前提和基础。从龙岩访谈的资料来看，从15、16岁至40多岁这段时间是妇女的生育期。龙岩有大婚、小婚、招赘婚等婚姻类型，不同的婚姻类型对生育率没有多大的影响，例如小婚与大婚妇女平均生育5—7个孩子。其中男孩数量、死亡率均高于女孩。

二、送养与收养

送养与收养是陈陂、大洋和联合村普遍存在的社会现象。

据田野访查，送养的原因通常是孩子太多，家庭负担过重，照顾不过来；亦有单纯为生活所迫的，或算命得知须送人才能养活的。收养男孩，基本上是缺乏子嗣、从亲房过房承嗣的。收养女孩，一是因生育子女夭折，抱养女孩来"照影子"，希望将来生育顺利，特别是能生出男孩来；一是为男孩抱养童养媳。收养的孩子的年龄，小的一个月、数个月，大的十几岁。

受访者的母亲童年被本家收养的比例，陈陂村最高，占37.2%；大洋村最低，占20.4%。男性受访者的母亲童年被本家收养的比例，联合村最高，占36%；大洋村最低，占22%。可见经济比较落后的联合村，收养女孩的比例较高。见表42。

表 42　受访者之母童年被收养之比例

田野点	女性受访者	母被收养占比	男性受访者	母被收养占比
西陂乡陈陂村	43 人	37.2%	50 人	24%
西陂乡大洋村	49 人	20.4%	50 人	22%
红坊镇联合村	49 人	24.5%	50 人	36%

受访者的父母送养男孩数，陈陂、大洋和联合三村基本一致。男性受访者父母送养女孩数，最高的是联合村，21 人；最低的是陈陂村，11 人。女性受访者的父母送养女孩数，最高的是陈陂村，51 人；最低的是联合村，31 人。从总体上看，送养的女孩数远远超过送养的男孩数。这与中国民间社会重男轻女的现象符合。见表 43。

表 43　受访者父母送养子女数

性别	田野点	男孩	女孩
男	西陂乡陈陂村	15	11
	西陂乡大洋村	12	15
	红坊镇联合村	12	21
女	西陂乡陈陂村	2	51
	西陂乡大洋村	3	44
	红坊镇联合村	3	31

中国传统的汉人社会是以父系为主轴的社会，注重子嗣延续，也就是民间社会所说的"香火延续"，没有儿子的家庭通常会收养男孩；有儿子的家庭为了增加劳动力，或是为了节省儿子结婚费用以及婚后婆媳关系融洽，通常会收养女孩。在陈陂、大洋和联合村，男性受访者的父母收养男孩数明显比女性受访者的父母收养男孩数更少，这是因为自己有儿子，通常就不再收养男孩；收养男孩的家庭，大多是自己没有生育儿子，

才收养男孩来"续香火"。在陈陂和联合村，男性受访者的父母收养女孩数高于女性受访者的父母收养女孩数，联合村反之。见表44。

表44　受访者父母收养子女数

性别	田野点	男孩	女孩
男	西陂乡陈陂村	1	18
	西陂乡大洋村		20
	红坊镇联合村	4	16
女	西陂乡陈陂村	5	5
	西陂乡大洋村	2	7
	红坊镇联合村	10	30

受访者被收养的比例，女性远高于男性。受访者被收养的平均年龄，男性在4—8.5岁，女性在2.7—4.3岁，男性被收养的年龄比女性大4岁左右。受访者本人被收养的情况和平均年龄，见表45。

表45　受访者被收养的人数和平均年龄

性别	田野点	被收养人数	平均收养年龄
男	西陂乡陈陂村	9	8.437
	西陂乡大洋村	2	4
	红坊镇联合村	7	5.75
女	西陂乡陈陂村	29	2.747
	西陂乡大洋村	24	3.809
	红坊镇联合村	16	4.276

受访者被收养的比例陈陂村最高，分别为女56%和男18%。女性受访者被收养率最低的是联合村，为32%；男性受访者被收养率最低的是大洋村，仅4%。陈陂和大洋村男性被收养的年龄

大于女性，联合村反之。见表 46。

表 46　受访者被收养之比例与平均年龄

性别	田野点	个案数	收养占比	平均收养年龄
女	西陂乡陈陂村	50	56%	2.64
	西陂乡大洋村	49	51%	3.88
	红坊镇联合村	50	32%	4.25
男	西陂乡陈陂村	50	18%	8.44
	西陂乡大洋村	50	4%	8.5
	红坊镇联合村	50	16%	3.5

受访者送养的子女，陈陂村最多，为 57 人；联合村最少，仅 18 人。被送养的女性普遍多于男性。平均送养年龄都在 2 岁多至 4 岁多。见表 47。

表 47　受访者送养子女情况

性别	田野点	送养男孩数	平均送养年龄	送养女孩数	平均送养年龄
男	西陂乡陈陂村	10	4.308	13	4.109
	西陂乡大洋村	9	3.148	4	4.75
	红坊镇联合村	2	2	7	4.345
女	西陂乡陈陂村	14	3.256	20	4.004
	西陂乡大洋村	9	2.231	12	2.986
	红坊镇联合村	4	3	5	2.517

收养子女是中国农村社会常见的现象，收养女孩多于男孩，龙岩也不例外。受访者收养的女孩数为 48，收养的男孩数为 23，女孩多出一倍多。收养的孩子最小的不到周岁，最大的 8 岁，最常见的情况是 1 至 4 岁之间。见表 48。

表48　受访者收养子女情况

性别	田野点	收养男孩数	平均送养年龄	收养女孩数	平均收养年龄
男	西陂乡陈陂村	3	4.433	8	0.667
	西陂乡大洋村	3	1.917	6	1.222
	红坊镇联合村	10	2.925	10	3.558
女	西陂乡陈陂村	3	8	12	1.014
	西陂乡大洋村	1	0.25	4	1.042
	红坊镇联合村	3	2	8	2.042

受访者存活孩童的送养比例，见表49。

表49　受访者存活孩童中送养比例

性别	田野点	个案数	男童		女童	
			总数	送养占比	总数	送养占比
女	西陂乡陈陂村	50	104	13.5%	118	17%
	西陂乡大洋村	50	125	7.2%	117	10.3%
	红坊镇联合村	50	113	3.5%	95	4.2%
男	西陂乡陈陂村	50	119	9.2%	125	10.4%
	西陂乡大洋村	50	131	5.3%	108	3.7%
	红坊镇联合村	50	106	1.8%	101	6.9%

注："存活孩童"指存活至10岁以上的孩童。

受访者存活孩童的收养比例，见表50。

表50　受访者存活孩童中收养比例

性别	田野点	个案数	男童		女童	
			总数	收养占比	总数	收养占比
女	西陂乡陈陂村	50	104	4.8%	118	10.2%
	西陂乡大洋村	50	125	0.8%	117	3.4%
	红坊镇联合村	50	113	2.7%	95	8.4%

性别	田野点	个案数	男童		女童	
			总数	收养占比	总数	收养占比
男	西陂乡陈陂村	50	119	3.3%	125	6.4%
	西陂乡大洋村	50	131	2.2%	108	5.5%
	红坊镇联合村	50	106	9.4%	101	9.9%

注："存活孩童"指存活至 10 岁以上的孩童。

不同出生年段受访者存活孩童的送养比例，见表 51。

表 51　不同出生年段受访者存活孩童中送养比例

田野点	个案数	男童		女童	
		总数	送养占比	总数	送养占比
1925 年之前出生女性受访者之孩童					
西陂乡陈陂村	32	63	9.5%	67	16.4%
西陂乡大洋村	36	91	7.7%	84	13.1%
红坊镇联合村	20	32	6.3%	39	7.7%
1925 年之后出生女性受访者之孩童					
西陂乡陈陂村	18	41	19.5%	51	17.7%
西陂乡大洋村	14	34	5.9%	33	3%
红坊镇联合村	30	81	2.5%	56	1.8%
1925 年之前出生男性受访者之孩童					
西陂乡陈陂村	38	84	9.5%	86	14%
西陂乡大洋村	35	102	4.9%	81	4.9%
红坊镇联合村	29	63	1.5%	54	9.2%
1925 年之后出生男性受访者之孩童					
西陂乡陈陂村	12	35	8.5%	39	2.5%
西陂乡大洋村	15	29	6.9%	27	
红坊镇联合村	21	43	2.3%	47	4.2%

注："存活孩童"指存活至 10 岁以上的孩童。

送养与收养，是调节家庭人口与性别比例的一种手段。中国传统社会普遍重男轻女，没生儿子的家庭通常会收养或从兄弟或房亲中过继男孩来做儿子，以保证父系家庭香火的延续；有儿子的家庭为了节省聘金或是增加劳动力，往往也会收养女孩作为童养媳或养女。龙岩田野调查的资料显示，收养女孩的人数比收养男孩的人数多，被收养女孩的平均年龄比被收养男孩的平均年龄小。这与传统汉人社会收养与送养的情况大致相同。

三、劳动

"男耕女织"，是自然经济条件下中国农民家庭两性分工的基本形态。在封建礼教的规范下，妇女勤于纺织、刺绣、缝纫等"女红""妇功"，是"四德"之一。把妇女劳动限制在家内，和把妇女当作男人的附属品，精神是一致的。缠足习俗的存在，是对妇女劳动的要求和限制提升到压抑生理机制高度的体现。

龙岩是宋代朱熹、明代王阳明"过化"的地方之一。明清两代，礼教已是社会的一般规范。女子缠足之风起于何时，迄无可考，但清末民初仍在大部分农村中盛行，仅在边远山村例外。据田野调查，陈陂、大洋村受访者的母亲均有缠足，而联合村则无；到了女性受访者自己，缠足仅限于年长者，陈陂、大洋村各占12%、14%，平均缠足年龄为 10 岁多与 6 岁多。见表52、表53。

表52　女性受访者及其家属之缠足比例

关系	田野点	个案数	缠足且未曾解开	缠足而后解开	未曾缠足
本人	西陂乡陈陂村	50		12%	88%
	西陂乡大洋村	49		14.3%	85.7%
	红坊镇联合村	50			100%

续表

关系	田野点	个案数	缠足且未曾解开	缠足而后解开	未曾缠足
母亲	西陂乡陈陂村	50	64%	34%	2%
	西陂乡大洋村	48	66.7%	22.9%	10.4%
	红坊镇联合村	50	4%	2%	94%
婆婆	西陂乡陈陂村	50	44%	42%	14%
	西陂乡大洋村	50	50%	38%	12%
	红坊镇联合村	47			100%

表53　女性受访者缠足比例及其平均缠足年龄

田野点	个案数	已知缠足比例	已知缠足年龄个案数	平均缠足年龄
西陂乡陈陂村	50	12%	6	10.7
西陂乡大洋村	49	14.3%	6	6.7

陈陂、大洋村的缠足风俗，均在民国十八年（1929年）土地革命中破除，中青年妇女纷纷放足，此后再无女子缠足的现象了。

陈陂、大洋村缠足的废除，是龙岩社会政治变革的结果，与龙岩商品经济发展、小农和市场联系加强也有内在关系。正如第二章指出的，当时的农村经济，已形成半商品性和小商品型农业经济，客观上要求妇女走出家门参加农业劳动、走入市场出卖农产品，或为市场流通挑运货物。这些能扩大家庭生计的范围，因而废除缠足受到广大农户的欢迎。从女性受访者职业调查可见，陈陂、大洋和联合村的妇女一样，大部分都参加农业生产或其他工作。废除缠足解放了妇女的劳动力。

四、妇女的地位

和其他汉族地区一样，以往龙岩妇女的地位低于男子。"夫为妻纲"的传统道德准则，对属于基层社会的陈陂、大洋和联合村都有深远的影响。在村民的潜意识里，妇女"头发长，见识短"，是附属于男子的，在家庭中没有多少决策权。特别是不生育或只生女儿的妇女，总是抬不起头，地位更低。"女子无才便是德"，不让女儿读书，或读几年书就辍学，被认为是天经地义的事。"女儿是泼出去的水"，"嫁鸡随鸡，嫁狗随狗"，"从一而终"是基本要求，再嫁被人瞧不起，婚姻仪式比正婚低一等。妇女的职责是服侍公婆，相夫教子，没有必要参与公共事务和外出工作。

但是，这种贬低妇女地位的风俗民情也不是刻板不变的。经济境况不同，遵从礼教的程度也不一样，妇女的遭遇便会出现差异，在"不得已"的情况下妇女的地位也会有所提升。

联合村与陈陂、大洋村相比，便有如下的差异：

一、联合村地处贫瘠、荒僻的山区，经济环境恶劣迫使妇女参加农田体力劳动，因而女子缠足的做法行不通。环境甚至扭转了"男主外，女主内"的格局，形成女子劳动养活男子的情况，俗称为"客嫲养客牯"。在这样的家庭，妇女在农业生产、子女婚姻、生活安排上有较大的决策权，或与男子处于同等的地位。而陈陂、大洋村地处县城附近郊区，农业经济较发达，妇女从事家务劳动为主，兼营家庭副业，因而缠足能够长期推行，到20世纪20年代以后才逐渐获得解放，但"男主外，女主内"的基本格局并没有改变。妇女劳动在家庭经济中的重要性，固然是提高妇女地位的一个动因，但妇女付出的代价也是沉重的。虽然家庭地位提高了，但联合村妇女的生活比陈陂、大洋村苦，平原地区的农村女子除非万般无奈，都不愿嫁到联合村这样的山区。

二、联合村男子因为贫穷和地处山区，婚嫁不易，迎娶寡妇成为一种时尚，因而再嫁的妇女虽在婚姻仪式上不平等，但在家庭内部较少被歧视。而在陈陂、大洋村，未婚男娶寡妇的情况并不存在，在风俗上也被认为不可取。

在各个村子内，妇女地位在不同家庭也有差异。从家庭结构而言，小家庭妇女地位优于大家庭；从两性分工而言，外出工作的妇女地位优于从事家务劳动者；从婚姻形式而言，大婚妇女优于小婚、招赘婚者；从生育状况而言，生育男孩的妇女优于只生女孩和不育者。

从总体上观察，妇女家庭地位的改善是渐进式的，距离真正的男女平等还有相当长的路程要走。

第四节　亲属称谓

陈陂、大洋村与联合村的亲属称谓，分属龙岩话和客家话两支不同的方言系统，因而有较大的差异。兹将田野访谈记录整理为表54。

表 54　龙岩的亲属称谓

对象	交谈称谓		提及称谓	
	联合	陈陂、大洋	陈陂、大洋	联合
父亲	阿爸、叔、伯	阿爸	zuà、老	爹哩 ta^{33}｜e^{54}
母亲	阿娓、阿奶	姆		娘 ue^{33}｜e^{54}
祖父	公爹 koŋ^{54}ta^{33}	公 koŋ^{334}		爹哩
外祖父	公爹、外公	公	外家公	
外祖母	奶	妈 ba^{52}		娘姐 ue^{33}tsia^{42}
祖母	奶			
叔叔	叔			叔哩
父姐妹	姑姑 ku^{33}ku^{33}	姑姐		姑哩
母兄弟	舅舅	光仔 kuaŋ^{55}a		舅哩

续表

对象	交谈称谓		提及称谓	
	联合	陈陂、大洋	陈陂、大洋	联合
母姐	姨子	姨婆	姨安	姨哩
母妹			姨	
妻姐		姨安	大姨	
妻妹		姨婆		
妻兄弟	舅舅	光仔	光仔、妻舅仔	舅哩
岳父	丈翁老 tio^{334}aŋ^{11}		丈门老 tʃŋ^{334}meŋ^{24}lo^{21}	
儿子			后生 bau^{11}sie^{334}	子哩
女儿			集母仔 tsip^{11}a	
媳妇			新妇 sim^{334}	新娓 seŋ^{33}me^{33}
女婿			婿郎	婿郎 se^{54}lŋ^{24}

联合村王炎熙老人辑有亲属称谓，颇为详尽，是一份不可多得的民间文献（图48）。兹选录为表55。

表55　王炎熙老人辑录的亲属称谓表

一、男性如何称呼亲属及自称		
曾祖辈	称呼	自称
曾祖亲兄弟	曾伯叔祖父	愚曾侄孙
曾祖堂兄弟	几伯叔公	愚又侄孙
祖母/外祖之父母	尊外曾祖父母	愚外曾孙
外祖母之父母	同上	眷愚外曾孙
祖母/外祖之伯叔	外伯叔翁	愚外曾侄孙
祖母之母舅	外舅翁	眷愚曾甥孙
岳父之祖	尊内曾祖	愚曾孙婿
岳母之祖	尊外曾祖	愚外孙婿

岳父之伯叔	几伯叔翁	愚曾侄孙婿
祖母之姑夫	尊姑翁	眷愚又侄孙
祖母之姨夫	尊姨翁	姻家眷晚生
祖辈	**称呼**	**自称**
祖之亲兄弟	伯叔祖父	愚侄孙
祖之堂兄弟	几伯叔公	同上
母之父母	尊外祖父母	愚外孙
母之伯叔	几伯叔翁	愚外侄孙
祖母之兄弟	尊舅公	愚甥孙
母之姑夫	尊外姑夫	眷愚外侄孙
母之母舅	尊外舅翁	愚甥孙
母之姨夫	尊姨翁	襟侄孙
祖之姊妹夫	尊姑翁	愚内侄孙
祖母之姊妹夫	同上	襟侄孙
祖表姊妹夫	尊表姑翁	眷愚表侄孙
岳父之父母	尊内祖父母	愚孙婿
岳父之伯叔	几伯叔翁	愚侄孙婿
岳父之姑夫	尊姑翁	愚内侄孙婿
亲家之祖	姻太翁	愚晚生
岳母之姨夫	尊姨翁	襟侄孙婿
姊妹夫之祖	尊姻太翁	姻眷晚生
祖之表兄弟	表伯叔公	表侄孙
祖母之表兄弟	同上	表甥孙
姑夫之父	尊侍公	姻晚生
岳父之岳父	尊公爹	愚外孙婿
岳父之表伯叔	尊伯叔翁	愚表侄孙婿

岳父母之母舅	尊舅翁	姻眷晚生
亲家之伯叔	姻伯叔公	同上
姑夫之伯叔	同上	同上
伯叔之亲家	公爹	同上
伯叔亲家之父	太姻翁	同上
兄弟妻之祖	同上	同上
伯叔之岳父	尊姻翁	同上
父辈	**称呼**	**自称**
伯叔父母	伯叔父母大人	愚侄
疏伯叔父母	伯叔	同上
母之兄弟	尊母舅老大人	愚甥
母之姊妹夫	尊姨夫	襟侄
岳父岳母	岳父母老大人	愚女婿
妻之嫡母	嫡岳母老孺人	同上
妻之庶母	岳母老孺人	愚姻婿
妻之生母	同上	愚君婿
父之姊妹夫	尊姑翁	愚内侄
父之表兄弟	尊表伯叔	愚表侄
母之表兄弟	尊表母舅	愚表甥
母之堂兄弟	尊姑舅	愚甥
岳父之亲兄弟	尊岳伯叔	愚侄婿
岳父之堂兄弟	尊内伯叔	同上
父表姊妹夫	表姑丈	愚内表侄
岳母之兄弟	尊舅翁	愚甥婿
母之表姊妹夫	尊表姨翁	愚表襟侄
岳父之姊妹夫	尊内姑丈	愚内侄婿

岳父之表兄弟	尊表伯叔	愚表侄婿
岳父表姊妹夫	尊表姑丈	眷愚表侄婿
岳母表姊妹夫	尊表姨丈	愚表襟侄婿
岳父远族伯叔	尊老伯叔翁	门婿
父之表兄弟	尊表伯叔	眷愚表侄婿
姊妹夫之父	尊姻翁	姻侄
兄弟之岳父	同上	同上
亲家之父	姻太翁	同上
姑夫之兄弟	尊姻伯叔	姻眷侄
兄弟岳父之兄弟	同上	同上
亲家之伯叔	同上	同上
姊妹夫之伯叔	姻伯叔翁	同上
伯叔母之兄弟	尊某舅	同上
伯叔之亲家	尊姻翁	同上
母舅之亲家	同上	姻家眷侄
表伯叔之亲家	同上	同上
兄弟亲家之父	太姻翁	同上
伯叔母之姊妹夫	尊姨丈	同上
表姊妹夫之父	尊公爹	同上
妻姊妹夫之父	同上	同上
妻兄弟之岳父	同上	同上
亲家之岳父	同上	同上
堂姑夫之兄弟	尊姻伯叔	同上
姊妹夫之堂伯叔	同上	同上
兄弟妻之母舅	尊舅	同上
姊妹夫之母舅	同上	同上

姻母舅之兄弟	同上	同上
亲家之母舅	同上	同上
亲家之姑夫	尊姑丈	同上
亲家之姨夫	尊姨夫	同上
姨父之兄弟	老伯叔翁	同上
继父	继父老大人	继男
兄弟辈	**称呼**	**自称**
本族兄弟	贤兄弟	愚弟兄
妻之兄弟	尊内兄、贤内弟	眷愚弟兄
姊妹之夫	尊姊丈、贤妹丈	同上
妻之姊妹夫	老姨丈	愚襟弟
表兄弟	尊表兄	愚表弟
表姊妹夫	表姊妹丈	眷愚弟
对头亲家	姻翁	姻弟
妻堂兄弟	老舅台	眷愚弟
堂姊妹夫	尊姊丈	同上
妻表兄弟	表舅兄	同上
妻表姊妹夫	表姊丈	同上
母之表兄弟子	表兄	眷愚表弟
姑婆之女之子	同上	同上
祖母姊妹女之子	同上	眷愚弟
外祖母姊妹之孙	同上	同上
表兄弟之表兄弟	同上	同上
侍公相与	侍公	姻眷弟
亲家之兄弟	姻伯叔	同上
兄弟之亲家	姻翁	同上

续表

姊妹夫之兄弟	姻伯叔	同上
妻兄弟妻之兄弟	同上	同上
姊妹夫之姊妹夫	姊妹夫	同上
妻姊妹夫之兄弟	兄台	姻家眷弟
兄弟妻之姊妹夫	同上	同上
伯叔母兄弟之子	同上	同上
姑姨丈之子	同上	同上
亲家之堂兄弟	姻伯叔	同上
亲家之亲兄弟	同上	同上
亲家之亲家	老姻台	同上
亲家之表兄弟	姻伯叔	同上
亲家之姊妹夫	老姊丈	同上
子侄辈	**称呼**	**自称**
本族侄	贤侄	愚叔
姊妹之子	贤甥	愚母舅
堂姊妹之子	同上	愚舅
女婿	贤婿	眷生
侄女婿	贤侄婿	愚内叔
堂侄婿	同上	眷愚侍教弟
表兄弟之子	贤表侄	愚表叔
表姊妹之子	表甥	愚表舅
妻兄弟之子	贤内侄	愚姑配
继男	贤侄	愚外叔
妻姊妹之子	贤姨侄	愚姨夫
男对亲家之子	老舅台	姻侍教弟
女对亲家之子	姻伯叔台	同上

续表

子之亲家	老亲家	同上
男对亲家之侄	贤舅台	姻眷侍教弟
表兄弟亲家之子	同上	同上
女对亲家之侄	贤姻伯	同上
女对兄弟亲家之子	同上	同上
子之亲家兄弟	同上	同上
姊妹夫之侄	贤兄台	同上
侄之亲家	某老亲家	同上
堂姊妹夫之侄	贤兄台	姻家侍教弟
妻姊妹夫之侄	同上	同上
兄弟妻之兄弟子	同上	同上
妻兄弟子妇之兄弟	同上	同上
子妇之表兄弟	同上	同上
亲家之外甥	同上	同上
外甥妇之兄弟	贤舅台	同上
男家对亲家堂侄	同上	同上
男家对兄弟亲家之侄	同上	同上
姊妹女婿之兄弟	姻伯叔台	同上
女婿姊妹夫之兄弟	同上	同上
女家对亲家堂侄	同上	同上
表兄弟亲家侄	姻叔台	姻家眷侍教弟
表兄弟亲家子	同上	同上
女婿之姊妹夫	姊丈	同上
亲家表兄弟之子	老姻表台	同上
亲家之婿	姊丈	同上
婿之亲家	老亲家	同上

外甥之亲家	同上	同上
妻堂兄弟姊妹之子	贤兄台	眷侍教弟
妻表兄弟姊妹之子	同上	同上，俗用表姑夫、表姨夫
姊妹之姊妹夫	同上	同上
妻兄弟之婿	贤表侄婿	同上
姊妹之婿	贤甥婿	同上，俗用外舅
妻姊妹之婿	贤姨侄婿	同上
表姊妹之婿	贤表甥婿	同上，俗用愚舅
表兄弟之婿	贤表侄婿	同上，俗用愚表
姊妹之外婿	兄台	同上
表兄弟之表侄	贤兄台	同上
孙辈	**称呼**	**自称**
五服内侄孙	贤侄孙	愚伯叔祖
五服外侄孙	贤又侄	愚又伯叔
女之子	贤外孙	愚外祖
侄女之子	贤外侄孙	愚外伯祖
姊妹之孙	贤甥孙	愚舅祖
姊妹女之子	贤甥台	愚外祖舅
孙婿	贤甥婿	眷侍生，或用眷生
侄孙婿	贤侄孙婿	眷侍教生
女之女婿	贤外孙婿	同上
表兄弟之婿	兄台	同上
侄妹之子	又侄	同上
姊妹侄之孙	贤甥孙台	同上，或用外祖舅
堂姊妹之孙	贤甥台	同上，或用眷生
堂侄女之子	贤外侄台	同上

续表

堂姊妹女之子	贤甥台	同上
表兄弟之孙	贤表侄台	同上
表姊妹之孙	贤表甥台	同上
妻兄弟之孙	贤内侄台	同上
妻侄之子	贤外侄台	同上
妻姊妹之孙	贤姨侄台	同上
子妇姊妹之父	兄台	同上
亲家之孙	贤兄台	姻侍教生
女对子亲家子	贤伯叔台	同上
男对子亲家子	贤舅台	同上
孙之亲家	老亲家	同上
孙婿之兄弟	姻伯叔台	同上
孙妇之兄弟	贤舅台	同上
侄孙之亲家	老亲家	姻眷侍教弟
男对子亲家侄	贤舅台	同上
女对子亲家侄	姻伯叔台	同上
子妇兄弟之婿	老兄台	姻家眷侍教弟
侄妇兄弟之子	同上	同上
妻兄弟之孙婿	贤内婿	同上，俗用愚内祖姑夫
妻表姊妹之孙婿	贤表甥婿	同上
妇人	**称呼**	**自称**
曾祖疏兄弟妻	伯叔祖姆/婶	夫家又侄孙
祖母之姑	外曾祖姑	愚外又侄孙
祖母之姨	外曾祖姨	眷愚曾甥孙
祖疏兄弟妻	伯叔祖姆/婶	夫家侄孙
祖母之女	外祖母姑	愚外侄孙

续表

母之舅妻	外祖母妗	眷愚甥孙
母之姨母	外祖母姨	同上
祖之姊妹	尊祖母姑	愚侄孙
祖母之姊妹	尊祖母姨	愚甥孙
外祖母之姊妹	外祖母姨	眷愚甥孙
祖之表姊妹	尊表祖姑	愚表侄孙
祖母表姊妹	尊表祖姨	愚表甥孙
岳父之姑	内祖母姑	愚侄孙婿
岳父之姨	内祖母姨	同上
岳母之姑	尊外祖姑	眷愚侄孙婿
岳母之姨	尊外祖姨	眷愚甥孙婿
疏伯叔之妻	伯姆、叔婶	夫家侄
父之姊妹	尊姑母	愚侄
母之姊妹	尊姨母	愚甥
父之表姊妹	尊表姑	愚表侄
母之表姊妹	尊表姨	愚表甥
岳父之姊妹	尊某姑	愚侄婿
岳母之姊妹	岳母姨	愚甥婿
岳父表姊妹	尊表姑	愚表侄婿
岳母表姊妹	尊表姨	愚表甥婿
出嫁母	某门母亲大人	男
亲兄弟之妻	兄嫂、弟妇	夫兄弟
疏兄弟之妻	兄嫂、弟配	夫家兄弟
姊妹	尊姊、贤妹	愚弟兄
妻之姊妹	某姨	愚姊妹夫
表姊妹	表姊妹	愚表兄弟

续表

妻兄弟之妻	表兄嫂、表弟配	夫表弟兄
亲母	尊姻母	姻弟
同母异父之兄弟妻	外兄嫂、外弟配	夫外弟兄

二、女性如何称呼亲属及自称

前二辈	称呼	自称
夫伯叔婆	尊伯叔祖母	愚侄孙姊
夫之姑婆	尊祖姑	同上
己之伯叔婆	尊伯叔祖母	愚侄孙女
己之姑婆	尊祖姑	同上
夫/己之外祖母	外祖母	愚外孙妇/女
夫/己之外伯叔婆	外伯叔祖姆/婶	愚外侄孙妇/女
夫/己外祖伯叔姑	外祖姑	同上
夫/己外祖母姊妹	外祖母姨	愚甥孙妇/女
夫/己祖母兄弟妻	尊祖妗	同上
夫/己外祖母兄弟妻	外祖妗	眷愚弟孙妇/女
夫/己祖母姊妹	尊祖母姨	愚甥孙妇/女
夫/己祖母表姊妹	表祖母姨	愚表甥孙妇/女
夫/己祖之表姊妹	尊表祖姑	愚表侄孙妇/女
夫/己祖母表兄弟之妻	表祖母妗	愚表甥孙妇/女
前辈	**称呼**	**自称**
夫伯叔母	伯姆、叔婶	愚侄妇
夫之姑	尊某姑	同上
己之伯叔母	伯姆、叔婶	愚侄女
己之姑	尊姑母	同上
夫/己姆之姊妹	尊姨母	愚甥妇/女
夫/己之母姨	同上	同上

续表

夫/己母表姊妹	尊表姨母	愚表甥妇/女
夫/己之舅母	尊妗母	愚甥妇/女
夫/己母表兄弟妻	尊表妗母	愚表甥妇/女
夫/己父之表姊妹	尊表姑母	愚表侄妇/女
夫/己父之表兄弟妻	尊表伯叔母	同上
夫/己姊妹夫之母	尊姻母	姻侄妇/女
夫/己兄弟妻之母	同上	同上
夫/己伯叔母之姻母	同上	姻眷侄妇/女
夫/己姻母之母	太姻母	姻眷侄妇
平辈	**称呼**	**自称**
夫兄辈之妻	尊某姆	眷女弟
夫弟辈之妻	贤某婶	世弟妇
己兄辈之妻	尊某姑	同上
夫之表兄弟妻	尊表姆、贤表婶	
己之表兄弟妻	尊兄嫂、贤弟妇	
夫之表姊妹	尊表姑	愚表弟妇、兄嫂
己之表姊妹	尊表姊、贤表妹	愚表妹/姊
姆母	尊姻母	姻弟室
姆母之姻嫂	尊姻伯姆、叔婶	姻眷弟室
下一辈	**称呼**	**自称**
夫之侄女	贤侄女	愚伯叔姆
己之侄女	同上	愚姑
夫之侄妇	贤侄妇	愚伯叔姆
己之侄妇	同上	愚姑
夫姊妹之女	贤甥女	愚母妗
己姊妹之女	同上	愚母姨

续表

夫姊妹之媳	贤甥媳	愚母妗
己姊妹之媳	同上	愚母姨
己表姊妹之媳	表甥媳	愚表母姨
己表姊妹之女	表甥女	同上
己表侄女	表侄女	愚表姑
己表侄媳妇	表侄媳	同上
夫之表侄女/妇	表侄女	愚表伯姆
祖母之侄女	姻侄女	姻眷室
男家姻母之子妇	贤姻姆/婶	同上
女家姻母之子妇	某舅姆	同上
女之姻母	贤姻母	姻家眷室
下二辈	**称呼**	**自称**
夫侄孙女	贤侄孙女	愚伯姆、叔婶
夫侄孙妇	贤侄孙媳	同上
己侄孙女	贤侄孙女	愚祖姑
己侄孙妇	贤侄孙媳	同上
己外孙女	贤外孙女	愚外祖母
己侄女之女	贤外侄孙女	愚外祖姑
夫外甥之女	贤甥女	愚妗祖
夫甥孙妇	贤甥孙媳	同上
夫姊妹之女	贤甥孙女	愚祖母妗
夫姊妹孙媳	贤甥孙媳	愚祖母姨
己妹姨孙女	贤甥孙女	愚外祖母姨
夫姑女之媳	贤表甥媳	愚表祖姨
己表孙媳	贤表甥孙媳	愚表姨祖
夫姑女之孙媳	同上	愚表祖妗

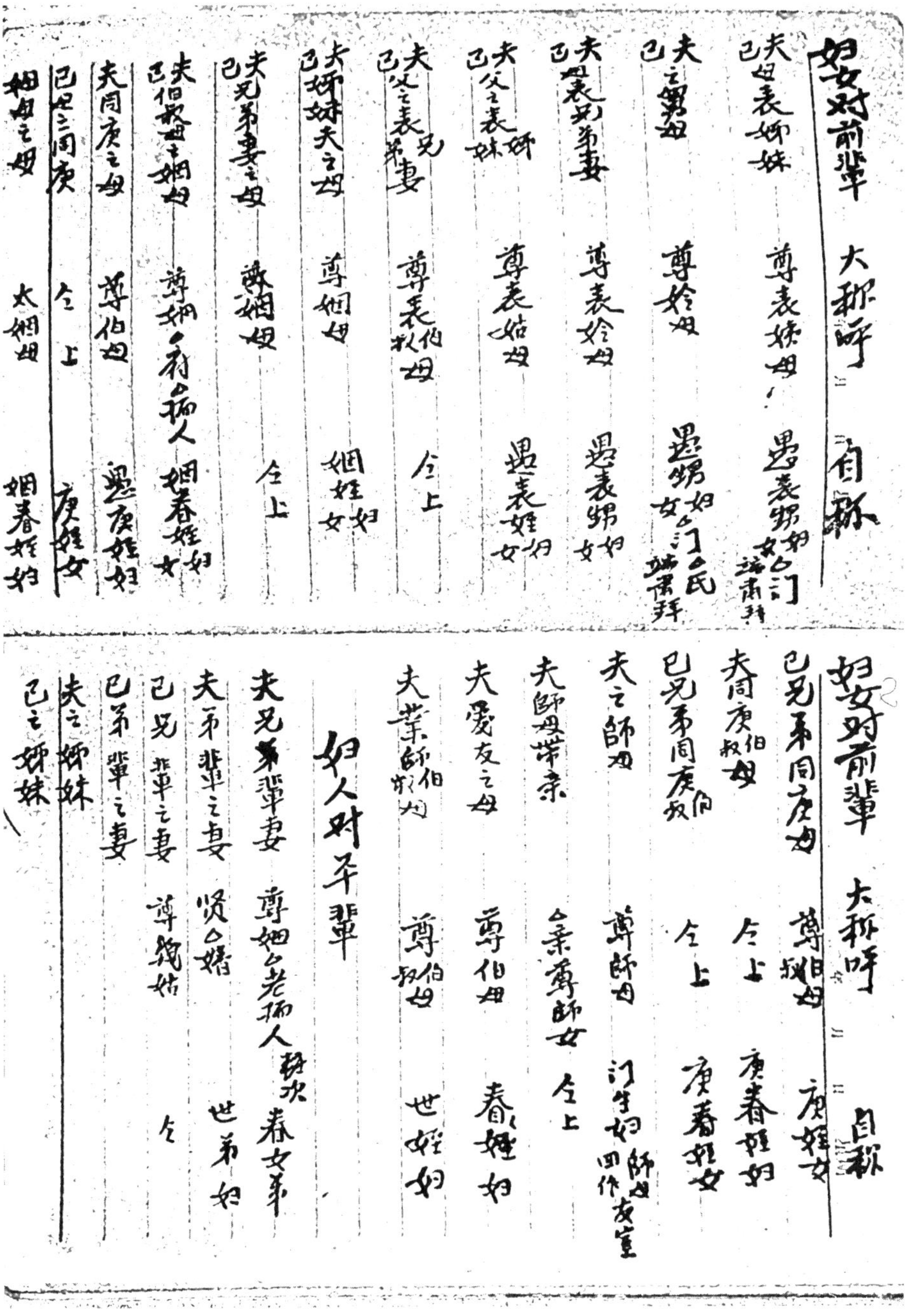

妇女对前辈　大称呼　自称
夫母表姊妹　尊表姨母　愚表甥妇 女○门○氏 端肃拜
夫之舅母　尊妗母　愚甥妇 女○门○氏 端肃拜
夫母表兄弟妻　尊表妗母　愚表甥女妇
夫父之表姊妹　尊表姑母　愚表姪女妇
夫父之表兄弟妻　尊表伯叔母　仝上
夫姊妹夫之母　尊姻母　姻姪女妇
夫兄弟妻之母　敬姻母　仝上
夫伯叔母之姻母　尊姻○老孺人　姻眷姪女妇
夫同庚之母　尊伯母　愚庚姪妇
己兄之同庚　仝上　庚姪女
姻母之母　太姻母　姻眷姪妇

妇女对前辈　大称呼　自称
己兄弟同庚母　尊伯母　庚姪女
夫同庚伯叔母　仝上　庚眷姪妇
己兄弟同庚伯叔　仝上　庚眷姪女
夫之师母　尊师母　门生妇 师母回作友宜
夫师母带亲　亲尊师母　仝上
夫爱友之母　尊伯母　春姪妇
夫业师伯叔母　尊伯叔母　世姪妇
妇人对平辈
夫兄弟辈妻　尊姻○老孺人　春女弟 称次
夫弟辈之妻　贤○婿　世弟妇
己兄辈之妻　尊嫂姑　仝
己弟辈之妻
夫之姊妹
己之姊妹

图 48　亲属称谓抄本

第六章　宗教信仰与世俗仪式

第一节　祖先崇拜

祖先崇拜是血缘亲属观念支配下的一种宗教活动，以与自己有血缘关系的祖先灵魂为崇拜对象①。祖先崇拜把个人、家族、祖先、子孙整合在一起，把人类的生物性生命延续过程用"阴间"系统与"阳间"系统衔接起来。祖先崇拜的仪式，不但使家族系统延绵不断，而且使亲属关系和谐均衡，是数千年来中国人最重要价值观之寄托②。

在数千年的历史长河中，祖先崇拜经历了从贵族向平民下移的过程，宋元以后为民间社会普遍奉行，并因各地不同的环境和现实条件发展出不同的仪式体系。

明清两代，是龙岩民间家族普遍建立祠堂的时期，也是龙岩民间祖先崇拜礼俗形成的关键时期。传统农业社会普遍相信祖先灵魂可以保佑在世的子孙后代，子孙如不祭祀则会招来祸害。民国时期祖先崇拜礼俗虽在延续，但因社会变迁的影响而呈现简化的趋势。

陈陂、大洋和联合村的祖先崇拜，和其他地方大致相同，分为祖先牌位崇拜和坟墓崇拜两大类。就祭祀地点来划分，有家祭、祠祭、墓祭；就祭祀成员来划分，有家庭祭、支房祭、合族祭。

---

① 林国平、彭文宇：《福建民间信仰》，福州：福建人民出版社，1993 年，第 3 页。

② 李亦园：《人类的视野》，上海：上海文艺出版社，1996 年，第 277 页。

一、家祭

家祭地点在家庭房屋之内。陈陂、大洋村的家祭地点都有厅堂、公厅两种。厅堂指家庭的正厅或边房，公厅指祖厝的正厅。厅堂祭祀是因分家析户、分房居住或独立建屋而发展起来的，以祭祀父母牌位最为普遍。依照礼俗，祖先牌位即"神主"牌供奉在厅堂正中，以坐北朝南为尊；一至三年后再放到祠堂设置香炉供奉，即"入火"。也有不放神主牌位的，做完"七七"丧礼便到祠堂"入火"。"入火"后，有的人家在厅堂放置遗像或贴红纸字条作为祭祀的象征。祖厝公厅或称众厅，年代久远者实际上成为房头的祠堂，一般供奉房支四代以下近亲祖先牌位。联合村的习俗有所不同，不在家庭房屋的厅堂或祖厝公厅供奉祖先牌位，家祭是在祠堂进行的。

家祭的时间一般固定在所崇祀祖先的生、忌日和年节朔望，最隆重的是忌祭，时间在忌日当天上午十二时以前。家庭出现大事时，还可以随需随祭或遇事则祭。家祭以家庭为单位，供品一般是三牲、米粿或死者生前爱吃的菜肴，多寡因家而异，礼仪比较简便，通常是燃烛、点香、敬酒、焚纸、祭拜。

二、祠祭

祠祭地点在祠堂。陈陂、大洋和联合村居民祭祀的祠堂有两种：一是村内的宗祠、支祠，多数家族在村内都有祠堂；二是村外的大宗祠、总祠。

祠堂依其阶序分别供奉始迁祖以下或房支祖以下历代祖先牌位。陈陂、大洋村全部是设"个人牌位"（木主），即一位祖先一座神主牌（图49）。

而联合村则全部是用"集体牌位"（神牌），即在一块或数块木牌上按辈分代数写上历代祖先的姓名。

　　根据联合村邓氏宗谱所载，改用"集体牌位"是嘉庆十七年（1812 年）以后的事。《黄泥坪祠堂序》云：

　　　　曩日未有神牌，惟用木主陛座。兹于四月初一日癸卯日始造神牌，十一日癸丑日辰时始书牌位，十九辛酉日甲午时陛牌入火，六月丁未月十六丁巳日辛酉时成功告竣。

　　到同治三年（1864 年）重修，"再造新神牌，比旧神牌更加高大"。现存邓氏神牌，上大书"南阳邓氏世系"，中自上而下书始祖至八世祖派下子孙神位，左右各书九世祖以下神位。

图 49　祖先木主牌位

　　可见，"集体牌位"的出现并非客家原有的礼俗（联合村是客家社区），可能是因祠堂小无法容纳更多的"个人牌位"而做出的变更。

　　陈陂、大洋和联合村的祠堂，都不供奉异姓的祖先牌位。但据《蒋钟英族谱》所载，大洋蒋氏祖先设在城内州前坊的大宗祠"钟英堂"，曾同时供奉外祖连氏的牌位："正龛首座奉祀翠冈公。左龛中祀外祖连思敬公暨妣叶氏；两旁一崇德，奉祀云山公；一象贤，奉祀历代科第仕宦。右龛附祀大宗遗下香火。"

这座祠堂是明正统五年（1440 年）建的。同年四月三世蒋廷佐作《族谱引》说：

> 襄于宣德五年（1430 年），筮仕蜀之广安，忝居学正之职。正统五年，以任满之京道便归省，适见吾父稽汉立祠堂之制，效宋儒去墓茔于家之义，而建祠堂于居第之左，轮奂一新。父曰：……汝之祖父曰子禄，脱出兵燹之后，遁于龙岩，筑居在城，置田一区，以为经营之始……

蒋氏翠冈公，讳子禄，生于元元统元年（1333 年），卒于明建文元年（1399 年），是蒋氏入岩始祖。建祠在其殁后 40 多年，是典型的移民祠堂。为什么左龛供奉外祖连思敬公暨姚叶氏牌位？族谱未载，不能查考。但至少说明，明代龙岩的移民家族祠堂，可以同时供奉异姓祖先牌位。

从陈陂村入赘今红坊镇下洋村的陈廿郎，是下洋杨氏一世祖，杨氏祠堂（图 50）内供有"一世祖陈公杨小姐神位"。下洋

图 50　下洋杨氏祠堂

杨氏族谱载：

> 起始祖杨筠德公，原是军人，原籍连城县大石下人，明代洪武之初（约公元1370年）来龙岩驻军，并随带家属。生四子：祖受、祖良、祖进、祖艮。生七孙：佘养、二仔、四仔、歌仔、佛仔、俊仔、孙仔。并在龙岩县龙门里下洋村建置房屋、田园、山场。后因军队调动，全家离开龙岩，其次子祖良之女杨五姐与陈廿郎婚配，继承杨家祖业和杨姓，称杨姓在下洋村一世祖，杨筠德公为起始祖。

又云：

> 一世陈廿郎，字有容，生殁无可考证。定农历七月十九日祭诞，葬大墓林下分田边。石碑石砌式龟形。坐庚向申兼甲寅分金。

> 妣杨氏五姐，杨祖良之女，生殁无可考证。葬后盂塘廖氏孀人西边，石碑石砌式。坐已向亥分金。生三子：起、西、窗。

陈廿郎入赘杨氏，子女均从杨姓，但似乎本人未改姓，也未归宗，死后牌位仍为下洋杨氏祠堂供奉，称为一世祖。可见明代龙岩移民社会中，供奉异姓祖先牌位并非个案。

连思敬、陈廿郎这两个例子虽不在我们的田野考察地点，但与考察点居民具有血缘关系。

再从龙岩县范围看，著名的姓氏有宋元迁来的"罗陈"，据传"本罗氏，以甥祧舅为陈氏，生为陈，死为罗"，即活着的时候姓陈，死后墓碑称"罗陈"。按理这只是陈姓的分支，但迄今祠堂仍明写"罗陈宗祠"，它不是复姓的祠堂，实际上保存了兼祧二姓的遗意。因不属本次田野调查范围，暂不探究。

现代的陈陂、大洋和联合村，未婚夭折的子女在祠堂不设牌位，收养和招赘的男子在改姓后牌位方可进入祠堂。

祠祭的时间，旧俗为春秋两祭。田野访查结果是，这三个村子都已改为每年在冬月冬至前后祭祀一次。

祠祭无论支房祭还是合族祭，都属于派下男性成员的群体活动，供品与家祭相似，但更为丰盛，礼仪比较讲究，场面比较隆重。通常在祭祖的前一天清扫祠堂，摆妥各色器物，备好各种祭品。祭日黎明，由主祭率族人齐集祠堂，摆出祭品，主祭人盛服就位，依朱子家礼请出神主，参神进馔，并带领族人引赞拜献，奏乐侑食，饮福受胙，然后辞神纳主。引赞即读祝，在行初献礼时读祝文。大洋村刘氏族谱载有清同治年间的祝文：

> 惟同治　年岁次　十一月朔日宗孙敢昭告于显四世祖考裕斋公府君等（下至十八世祖考妣，名略）暨历代宗亲伯叔祖考妣之神位前曰：仰惟我祖创垂，树裕后之基，□承先之烈，奕世光昭，迄今永赖，情系考思，礼宜崇□，兹值冬至，谨以□□□毛牲口□□香帛之仪。伏祈显神类之□□□□□佑□□□□子孙支昌□，代代□□，庆□不已，庙食有余。并请本祠：
>
> 福德司土之神、玄天上帝之神、功曹法师之神，同兹合席尚餐。

礼毕，族人聚堂宴饮，其后每人分得一份祭胙。不过，在村内举行的支房祭，由于族人文化水准低，礼仪并不那么繁复，大致符合供祭品、请神主、行献礼、侑食受胙、辞神纳主这几个步骤即可。有的家族祠堂或祖先牌位被毁弃后一直无力恢复，支房祭或自行停止，或仅象征性地供祭、宴饮、分胙。

三、墓祭

墓祭是指在祖先坟墓前举行的祭祀活动。家庭式墓祭习惯上限于祖父母、父母二代，以仅祭父母一代最为普遍。家族式墓祭，有祭祀始祖的合族祭、祭祀支房祖的支房祭。龙岩墓祭的时间，春祭在清明节前后十日间，秋祭在中秋节前后十日间。

民国时期，陈陂、大洋和联合村的家庭式墓祭，新葬（修墓立碑前）在清明节前后，修墓立碑后在中秋节前后；房、族祭一般集中在八月中秋节前后。扫墓当天，清除坟头杂草，供奉三牲米粿、烧香焚纸祭拜，同时供拜坟边的土地公。房、族墓祭由各户派人参加。如果远祖坟墓久湮难辨或者被毁，就只能对尚存的始祖墓或某代祖墓进行祭扫。

至于为无主枯骸设立的公墓，旧称"丛邱""义揬"，由当地村民祭扫。白沙镇有"万善墓"，龙岩、漳平交界乡民纷往祭拜，香火甚旺，据说镇政府前尚遗有分书"万""善"两字的大瓷瓶一对。因不属此次田野调查范围，未往探访。据此可知，和闽南一样，龙岩境内存在把孤魂野鬼称为"万善公"的习俗。

陈陂、大洋和联合村的祖先崇拜仪式呈简化、弱化的趋势，但祖先崇拜的社会心理并没有改变，只是形式上更趋于世俗化，更贴近现实的生活方式，其中的宗教意义为世俗伦理观念所冲淡。

第二节　神灵崇拜

旧志载龙岩人"信鬼神"，宋时便有供奉地方神的庙祠。至民国时期，民间地方神信仰多与佛、道结合，但乡村宫庙仅有信众香火供奉，并无出家修业的僧道主持。据刘远的田野调查，这些宫庙所祀神祇，多不分教门体系，佛与百神杂处一堂同享香烟：佛有释迦文佛、阿弥陀佛、吉祥如来、观音、泗州菩萨、普庵祖师、定光古佛、伏虎仁师、蛇岳圣王等佛圣，其中以观音、普庵、泗州为常见；神有太上老君、玉皇大帝、盘石大王、玄天上帝、赵公元帅、神农皇帝、五谷真仙、文昌帝君、魁星之神、山西夫子、四海龙王、阎罗天子、五显大帝、福德土主、鲁班、蔡伦、鬼谷子、打石仙师、游猎仙师、许真君、临水夫人、天后圣母（妈祖）、田相公、广泽尊王、保生大帝、骑龙骑鹤仙、横山三公、麻公三圣、花公花母、石龙将军、黄幸仙师、黄衣舍人、朝天左丞相、杨太伯公、陈真祖师、西宫唐王、东宫圣王等道教神和民间百神，众神之中又以神农、妈祖、陈真、保生、文昌、田公尤为多祀，此外尚有随处可见的无姓无名的民主公王①。

陈陂、大洋和联合村没有正规僧道主持的寺观，只有不分佛道、一神为主、多神附祀的庙宇。依其信众的居住范围，可分为超村际的庙宇和村庙。

一、超村际祭祀的庙宇

1. 朝西庙

朝西庙位于陈陂村东南土名中洋之临溪处，俗称陈陂庵，为陈陂村和附近村庄西山、条围（今属西陂）、曹溪、苏溪（今属西城）村民所共同奉祀。主祭"陈真佛祖"，有大公、二公、三公三座神像。附祭神农教主、五谷神、仙妈。（图51、图52、图53）

陈真，相传是明代本县白土（今东肖镇）张厝三世祖的放牛娃，"仙骨乞丐身"，屡为贫民打抱不平。明嘉靖《龙岩县志·仙释·陈真佛》说："父老相传云：真白土人，少时饭牛，而牛孳息。长佯颠，不事家人产，辟谷乌石山中，不知所终，或曰尸解而去云。"② 万历四十年（1612年）始修的《闽书·方域志》载："乌石山，在县西南二里许。山顶有小石室，曰石香炉，为陈真佛所居。真佛白土社人，少饭牛孳息，辟谷此山，不知所终，或曰尸解。南麓有巨石崎官道旁，曰乌石头。"③ 后人在他活动过的地方建庙供奉，如白土有"天三宫"，莲花山东麓有"乌

---

① 刘远：《刍谈龙岩的信仰民俗与闾山道坛活动》，《福建省宗教研究会论文集》，1994年。

② 嘉靖《龙岩县志》卷7《外志·仙释》。

③ ［明］何乔远：《闽书》卷28《方域志》。

图 51　陈陂村朝西庙

图 52　陈陂村朝西庙内景

图 53　陈真祖师佛神像

石庵"（又名"陈公庵"，1958 年筑公路时被毁）。相传朝西庙是从乌石庵分香割火而来，原址在陈陂头土名"老庵座"，始建年代漫不可考，清道光八年（1828 年）改建于现址。

朝西庙的祭祀活动，集中在每年农历四月初八陈真神诞日，由共祀的"四大柱"（陈陂村、西山村、曹溪村、条围和苏溪村各为一"柱"）轮流主持，奉陈真神像上轿，遍游共祀的各村落，晚上在庙前旷地演戏（闽西汉剧或傀儡戏）。如逢闰四月之年，还要"大迎"一天。在神诞祭祀的前一天，即四月初七，还有陈真巡陂的仪式。巡视的陂，有陈陂境内的"先人陂""垄沟陂"和石桥头村与石壁村之间的官陂。平时也有零零散散的妇女前来烧香膜拜，人数不多。

朝西庙由共祀各村联合管理，推举总理一人、副总理若干人，派专人守庙。祭祀活动的费用主要来自善男信女捐充的香火钱、添灯钱。不足部分，以前由庙产几亩田的地租收入来补充。1949 年以后庙产充公，迎神赛会久不举行。1992 年，在朝西庙侧修盖戏台一座，开始恢复神诞日演戏活动。

陈真崇拜是龙岩盆地中南部特有的民间信仰，其祭祀圈涵盖今龙岩市西城、西陂、曹溪、东肖等地。民间称陈真为"陈公神佛""陈真佛祖""陈真祖师佛"，乾隆《龙岩州志》把他列为释教人物。事实上，陈真并不是"佛"，而是地方保护神。

陈陂村建立"朝西庙"的缘由尚不明确。从血缘关系看，陈真其人和陈陂村陈姓同宗，最早很可能是陈陂村陈姓作为家族神而迎立的。"老庵座"旁不远的陈氏祠堂"积庆堂"，1992 年重修时，在正厅供奉十八世祖陈默宇暨历代诸祖考妣神位一座，其右侧供奉陈真祖师佛大公、二公、三公神位三座。这是依古时传统恢复的，可见陈真是被作为家庭保护神供奉的。到"老庵座"建庙后，他已升格为村落的保护神，后来进一步扩大为龙岩盆地中部原陈陂社和西山社地域内超村际的地方保护神。从"陈公巡陂"的仪式看，陈真的神职功能包括统管水利。其所巡之陂，都是龙岩盆地明代建立的水利工程。如官陂"在龙硿下，溉大洋田，官筑之，故名。明正统间，坊民林璲、王镛重修，章以志凿石硿，易以堤。长一百余丈，高一丈余，阔三丈四尺，民永赖焉"；陈陂"在西山洋，长一千九百五十丈，深二丈，阔八尺"[1]，调查时仍在发挥引水溉田的作用。水利是农业的命脉，传统社会的人们把这些古老引水工程的长期使用归功于陈真佛祖的保佑，进而造出了"陈公巡坡"的仪式。

陈真崇拜形成于明代，但起源于宋时开岩的陈氏宗族，似乎可以看作是龙岩土著汉民（早期移民）的一种文化遗存。它后来为后期汉族移民所认同，成为龙岩盆地独有的民间信仰。

2. 吴公庵

龙门溪流经大洋村之水头。吴公庵位于村西毗邻石桥头村的

---

① 乾隆《龙岩州志》卷 2《规建志·陂圳》，第 87—88 页。

傍溪旷地，为大洋、石桥头、排头三村（同属西陂乡）共同奉祀。

吴公即北宋名医吴夲（979—1036 年），漳州龙溪县青礁人，生前"不茹荤，不受室，尝业医，以全活人为心"，"远近咸以为神"，死后"闻者追悼感泣，争肖像而敬事之"①，奉为医神。南宋绍兴二十一年（1151 年），经颜师鲁奏请、高宗御准，为吴夲立庙奉祀。乾道七年（1171 年），孝宗赐庙额"慈济"，谥曰"大道真人"（俗称"大道公"本此）。以后的南宋帝王又先后褒封吴夲为"忠显侯""英惠侯""康佑侯""灵护侯""正佑公""冲应真人""孚惠真君""孚惠妙道普佑真君"等，载入祀典。明初又加封为"昊天御史医灵真君"，洪熙元年（1425 年）封"恩主昊天金厥御史、慈济医灵妙道真君、万寿无极保生大帝"。由于帝王的崇信和推动，漳泉各地乡村市镇纷建慈济庙（淳祐元年即 1241 年，理宗下诏改庙为宫），吴真人成为这些社区的主神。南宋嘉定年间（1208—1224 年），吴真人信仰开始从闽南向外传播，"北逮莆阳、长乐、建、剑，南被汀、潮以至二广，举知尊事"。当时龙岩为漳州属县，正在吴真人信仰传播区内。

大洋吴公庵原址在溪流对岸的"牛坍坪"吴公岭，据说是从永定县大排分香而来，建造年代不详。民国十七、十八年间（1928—1929 年），在本村东境保太桥边水尾新建妈姐庙（俗称"姑婆庵"），废弃水头的原庙，村民遂将对岸的吴真人神像迎入水头庙，并改为吴公庵。（图 54、图 55）

民国时，吴公庵设总理、协理。除石桥头村有 2 人担任协理外，总理和其他协理均由本村人担任。每年农历三月十五日，请道士（俗称"师公"）举行"做师"（做醮）"过关"仪式，奉祀的糍粿等祭品在"做师"仪式结束后分发给所有善男信女。平

---

① ［宋］庄夏：《慈济宫碑》，见崇祯《海澄县志》卷 17《艺文志二》。

图54 大洋村吴公庵

图55 吴公庵保生大帝神像

时，村民因病痛等事到庵中烧香求签，祈求保佑。有的人家则到庵中请出吴公神像，用轿抬到家中看病；如庵中人员同去并开出药方，要另付酬劳。可见，吴公在当地人心目中，既是社区主神，又是医神。

联合村也有吴真人崇拜，但吴公庵设在邻近的永定中联村。中联吴公庵建造年代不详，据说也是从永定大排分香而来，为悠远溪流域各村村民所共同信奉。民国时，本村组织有"吴公季"（二月十四日午）、"吴公接供季"，负责筹备祭祀费用。

吴真人崇拜自南宋便传播到龙岩及汀州府属地区。按理说，这是早期移民带来的（大洋村王氏、蒋氏的先世即是南宋和元季从漳州迁来龙岩），传播的方向应是先到九龙江上源的龙岩，再推进到汀江流域。但是，大洋村和中联村的吴公庵建立较晚，相传都是从永定大排长流村（今属培丰镇）紫微宫分香而来，而大排长流紫微宫则分香自今属厦门市海沧区的青礁慈济宫，其传播路线方向恰恰相反。中联村与大排相距不远，同属永定客家地区，与永定的坎市、高陂各村通婚并有共同活动的墟市，婚姻和市场联系带动了信仰文化的播迁。但大洋村与永定大排村相隔遥远，没有市场圈和婚姻圈的联系，宗族关系也没有永定的渊源，为什么吴公庵不直接从龙岩其他村落（如相隔数里的溪南后门前就有吴公庵）分香，而要从永定大排分香呢？个中原因至今仍是个谜。1987年大洋村吴公庵重修后，吴公神灵"附体"时说的是客家话，也说明这里的吴公崇拜是受永定客家的影响。

3. 五谷仙庵

大洋村和邻近的排头村、石桥头村共同奉祀的"五谷仙庵"，位于排头村后的半山坡。每年旧历五月十三日，这三个村子迎五谷仙出游。

陈陂村的五谷仙没有专门立庙，附祭于朝西庙内。

二、村庙

陈陂、大洋、联合三村都属多神信仰，家中厅堂一般供奉汉族通祀的观音、福德正神、关帝等神像。在家庭供奉的神祇上，陈陂村没有特祀，大洋村与联合村则分别有闽南或客家色彩的特祀。大洋村邱氏祖厝"永恩堂"供奉五显大帝、菩提祖师、南海观音、漳州观音、天宫山观音五座神位，前三座属通祀，后二座

165

属于地方性的。天宫山观音是龙岩天宫山普红寺的送子观音，供奉漳州观音可能是本村早期漳州移民信仰习俗的遗留。联合村各姓祖厝厅堂除供奉通祀诸神外，还供奉九天玄女仙师、鲁班仙师、杨公仙师、荷叶仙师神位。鲁班是木匠的祖师爷，荷叶相传是泥水匠的祖师爷。杨公指杨筠松，同治《赣州府志·寓贤》云："窦州杨筠松，僖宗朝官至金紫光禄大夫，掌灵台地理事。黄巢破京城，乃断发入昆仑山，过虔州，以地理术授曾文迪、刘江东，卒于虔，葬雩都药口坝"①，是客家人崇拜的地理先生的祖师爷。

1. 天后宫

三个村子都有天后宫（姑婆庵）。陈陂村的姑婆庵位于村东境水尾，距朝西庙不远，建造年代不详，20 世纪 40 年代被大水冲圮，1992 年才重建起来（图 56）。大洋村的姑婆庵原建在村西境水头，民国十七、十八年间（1928—1929 年）修建到水尾、保太桥旁（今大洋小学内），40 年代被大水冲毁后，神像附祀于吴公庵内。联合村的天后宫位于本村简屋附近临溪傍山处，调查时尚存。

天后宫供奉的妈祖，是北宋莆田的一位女子。据 1987 年发现的南宋廖鹏飞《圣墩祖庙重建顺济庙记》记载，"姓林氏，湄洲屿人。初以巫祝为事，能预知人祸福，既殁，众为立庙于本屿"。元祐元年（1086 年）因枯槎显圣，乡民在宁海墩营基建庙，塑像崇祀，以之为当地航海者的保护神。宣和五年（1123年），经路允迪奏请，徽宗赐庙额"顺济"，载入祀典。南宋自高宗起褒封妈祖十几次，从"灵惠夫人"直到"灵惠显济嘉应善庆妃"，妈祖崇拜迅速在沿海传播，"不独盛于莆，闽、广、江、浙、淮甸皆有祠也"。元代帝王为保护海道漕运的安全，又

①　同治《赣州府志》卷 59《寓贤·杨筠松传》。

图 56　1992 年重建中的陈陂姑婆庵（天后宫）

多次褒封妈祖，封号加至"天妃"，使其成为统管海域的专神。明清两代，适应传统农业社会的信仰需要，创造了"妈祖经"《太上老君说天妃救苦灵验经》，妈祖的神职功能从海上扩大到整个人间社会，妈祖信仰圈在从沿海向东南洋诸国扩展的同时，又向内陆延伸。特别是清廷褒封更盛，康熙时妈祖从"天妃"升格为"天后""天上圣母"，海陆两路、东西两向的福建移民把妈祖信仰带到台湾和湖广、云贵、四川，凡水流纵横所至之处多有或大或小的"天后宫"。

　　龙岩妈祖庙始建于何时尚不明确。乾隆《龙岩州志》记有天后宫三座，"一在城西南，一在黄坑，建造年份未详；一在东门外东津浮桥北，乾隆二年（1737 年）桥首生员倪瑞等公建"①。据当地文物管理单位的调查，大池乡南燕村水口的天后宫，始建于明崇祯十六年（1643 年），清嘉庆十五年（1810 年）、道光十五年（1835 年）、1984 年重修。县城南桥坂的天后宫，始建于康

---

① 乾隆《龙岩州志》卷 2《规建志·坛庙》，第 72 页。

熙末年（约1720年），嘉庆二十一年（1816年）重建。龙门镇赤水村北的天后宫，始建于乾隆三十五年（1770年），乾隆五十六年（1791年）、1988年重修（图57）。对各乡镇内作为村庙的小型天后宫，则未调查统计。陈陂、大洋、联合大概在80年代或稍后建造了天后宫。这三个村子都临溪，都把妈姐奉为水神兼地方保护神。

图57 赤水天后宫

作为村庙，这三个村子的天后宫都没有专门的管理委员会，祭祀仪式也比大型天后宫简单，一般只是旧历三月二十三日（寿诞春祭）"迎姑婆"、九月初九（升天秋祭）"做福"。联合村则有三月二十一日的"天后季"。

2. 公王庵

三个村子都有小型的"公王庵"，一般建立在田头、地界、水圳边上。开挖煤窑，也要在窑前山边建公王庵。公王即本境土地神。当地民俗将在家宅和坟地供奉的叫土地公，在野外的称公王。

陈陂村有公王庵9座。"外公王"、"内公王"（已废）在过

桥处，"上陂公王"、"下
陂公王"（已废）、"上圳
岭公王"在白头张，"赤坑
公王"在原加工厂附近圳
边田头，"外厝公王"在亭
仔脚，"庵妈排公王"在陈
真庵旧址（图58），"马厝
岭公王"在今陈厝前路边
（已废），"池塘腹公王"
在华龙机械厂内（已废）。
其中庵妈排公王庵和上圳
岭公王庵于1992年重修，
前者还加盖亭子、设立正
副总理。庵妈排公王庵正

图58 陈陂村庵妈排公王庵

中书写"本境公王神位"，两侧对联原为石刻，后遗失一块，改
为壁书"公德普施吉庆，王灵永赐丰盈"，横批"保祐无疆"。
上圳岭公王庵重修后，只写"本境公王神位"于正壁，无对联。

大洋村有公王庵多座，20世纪20—30年代农民暴动后废弃。
40年代本村林氏有人发了财，在吴公庵边不远的田畔建了一座公
王庵，奉祀的是"民主公"。

联合村亦有公王庵：简屋边一座，正月十五日简、邓、赖姓
祭祀；延树下一座，正月初十日凹下一带村民祭祀。

公王和土地公都是地方基层神明，三个村落都只有类似三面
壁式的小庵。公王和土地公的称呼并存，显然是不同的神明，但
年代久远，村民们已不明其由来，往往混为一谈。陈陂村和大洋
村的村民说：在家中和坟头后上祭拜的叫土地公，在野外祭拜的
叫公王。联合村村民说："老社季"祭祀全悠远的公王（实为社
神），"公王季"祭祀各角落的公王，而土地公则在家中供祭。

陈陂村的公王庵内写明"本境公王",也就是境主神。联合村的"公王季"有不同的祭祀日,说明各个公王的来历是不同的。只是它们都只有泛称,而没有像闽南泉州一带那样标出境主神的名目。可能是因为境主神崇拜原来只处在低级状态,缺乏士绅的提倡,后来又受到农村革命的扫荡,没有进一步发展。

3. 观音庵、土地庙

陈陂、大洋、联合的村庙通祀的有观音、土地公。

大洋村与排头村交界的水圳边有座"水观音庵",供奉观音娘娘。观音即观世音,亦称观音菩萨、观音大士。民国某年大水,龙门溪上游漂来一座木雕观音神像,被大水冲入水圳,搁浅于此。村民认为观音示意驻此,便在水圳边田中修一小庵供奉。因为是水上漂来的,俗称"水观音"。

联合村的观音亭,在峡口入村的石桥边,是咸丰八年(1858年)王开富捐资、王开贤鸠工兴筑的。

土地公庙一般建在宗族地界交界处,三个村子都有。规模很小,有的供奉土地公神像,有的没有。大洋村林厝前的一座土地公庙,是有钱人添丁发财时感谢土地公而建立的。(图59)

联合村的"土地季",见诸民间文献的有:正月十四、八月十四祭祀黄泥坪邓氏祠堂的土地公,二月初二祭祀松山土地公,八月十五祭祀梅树下土地公、江公坑口土地公(午)、江公坑土地公(夜)等。

4. 其他村庙

一村独有的村庙,有:

田相公庵——在大洋村吴公岭山间,为三面壁式的小庙,供奉"田相公"之神位,已圮废。后来村人将田相公神位附祀于吴公庵内,调查时尚存(图60)。据调查,田相公系学戏学拳术时拜的祖师爷,应即"田公元帅",或称田都元帅、相公爷,泉州、兴化一带奉为戏班大圣。泉州各庙大多奉有此神,傀儡戏、梨园戏诸戏班必供奉之，闽西傀儡戏班早在明初即供奉田公元帅。但无神像只有"田相公"神位的宫庵，据目前所知，在闽台各地这还是唯一的实例。

图 59　大洋村林厝土地公　　　　图 60　大洋村田相公神位

仙妈宫——在大洋村北溪对岸山边，供奉六仙妈神像，今废。六仙妈为何方神圣，村民已不知晓。据联合村王炎熙老人介绍，永定县孔夫燕子岩供有三男四女"七姑仙、五谷仙、马大少、吴公法主、何仙姑、何风姑、麒麟曼(小)姑"，是保护禾苗之神。仙妈宫所供奉的也许与此相关。

清水岩——在联合村中部悠远溪畔山脚有一座佛教庙宇。庙前不远路旁竖一石碑，上书"南无阿弥陀佛"。传说定光活佛曾在此显灵，故立庙奉祀。据南宋宝祐《临汀志》等载，定光佛俗名郑自严，泉州府同安县人，年十一出家，十七得佛法，尝振锡于长汀狮子岩，乾德二年（964年）隐居于武平县南岩，大中祥符八年（1015年）年八十二坐化，绍定中显灵御寇，"州人列状奏请，赐额曰定光院"①。

清水岩年久失修，调查时庙内无定光佛像，而供奉地藏王菩萨。地藏王又称"幽冥教主"，掌握人死后上西天或下地狱之裁决权。清代联合村就有七月三十日祭祀的"地藏季"。

三将宫——在联合村峡口石桥边，咸丰八年（1858年）王开富、王开贤兄弟建。庙内供奉二武一文三将神主牌位，传说二位武将面貌丑陋，故不立神像。本村的"甲口西映季"，专为奉祀"三将宫"和"观音亭"而设。

图61　大洋村王氏祖厝的石敢当

石敢当——龙岩的石敢当大多是刻有"石敢当"字样的石条或石碑，一般安置于住居周围及往来巷口路冲角落，用以镇邪、驱鬼、挡风、止煞。旧时村民认为建在风口的房屋及巷口"风煞"很重，故立石敢当以抵挡。1950年以来，陈陂村外山地兴建工厂，大洋村公路旁兴建街市，居住环境改变，不再竖立石敢当。调查时大洋村王氏祖厝"秀映堂"屋后尚存"泰山石敢当"青石碑，碑额刻有狮头（图61）。陈陂村已无遗存，联合村据说并无此习俗。

① 乾隆《福建通志》卷60《方外》。

第三节　生命礼仪

生命礼仪，是以个人生命为中心的世俗仪式。生命礼仪的意义，诚如李亦园先生所言：一个人从出生到死亡，其生命历程总有许多不同的阶段，包括出生、满月、周岁、成年、结婚、生小孩、退休，以至于死亡等等。这些不同阶段引起的个人心理与群体关系的转变，都如"关口"一样要设法通过。生命礼仪就是社会设计的一套标准化的行动仪式，帮助个人及其亲属顺利通过关口。仪式中的种种行为只是一种象征、一种符号，并没有实际的意义，其意义埋藏在使个人得以顺利通过生命关口的目的中。①

龙岩的生命礼仪是汉人生命礼仪的地方化，在仪式行为标准上具有地域性的特征。兹据采访口述资料大致整理如下。

一、出生

昔时产妇分娩大多在家中，少数去医院。孩儿降生后，要从速备礼到外家去报喜，礼品一般是鸡蛋、酒。外家送礼，陈陂、大洋村称为"送鸡"，联合村称为"送姜酒"，礼品一般有鸡、蛋、酒、粉干、面干、桂圆、莲子、金钩、墨鱼干、沙鱼干、糯米等月子内食品和小孩衣物，并送新生儿红包一个。亲友祝贺亦叫"送鸡"，礼品较轻，一般是鸡一只、粉干和蛋若干、红包一个。外家所送全部收下，回以红包一个；亲友所送鸡和红包收下，粉干和蛋只收一半，回以红包一个。款待客人用"鸡酒"，即盛有鸡头、鸡脚和鸡内脏等的热酒，每人一碗。鸡头寓会出头，鸡脚寓会走路、门路多，鸡内脏寓通透明白，鸡蛋寓生生不息，黑豆寓子孙多，干豆角寓会做官，虾米寓会赚钱。

---

① 李亦园：《人类的视野》，第308页。

三旦，即孩儿诞生的第三天，给孩子洗澡，备"油饭"、鸡酒祭拜神明、祖先，感谢保佑。又在床上祭拜床母（床神）祈求庇护。

二、满月

满月当天的习俗有：

敬神，为婴儿剃头，由父母或其他长辈取名。一般人家为求日后好养，多取贱名，或取贱字为小名。讲究者请算命先生占卜五行，以其所缺取名。

大孩子背着婴儿，上舂米的"踏碓"，推碾谷的"土砻"，到屋外"赶老鹰"，让婴儿见世面、爱劳动、壮胆量。

吃鸡酒。备办鸡酒宴请亲友近邻，每人一碗，内盛鸡脚、鸡翅、豆干、黑豆、花生、鸭蛋和酒，外加几道下酒菜。

外家备鸡、糖糕、粽子、童装、帽圈、鞋袜、披风、银饰、银圈等致贺，俗称"送满月糕"；炖鸡一只给产妇吃，俗叫"断腹鸡"。新生儿的舅父舅母送粽子及红包一个，衣料一套。

分水糕。一般邻居一户一块，叫"相分"；族亲按婆媳人数一人一块，叫"翁婆分"；近亲好友每人一块，"一架"是十二块，"半架"六块，叫"梳头髻"。

满月以后，带新生儿到外婆家做客，随带饼包分发，俗叫"分饼"。

三、对岁

满周岁要做"对岁"，剃头，吃红蛋，颈上挂一串饼"试儿"。父母取席一条铺于地上，席面放置尺子、算盘、文房四宝、钱币、芹菜、猪肉、土块等，每样象征一种志趣或前途，让孩儿任意抓取，借以预测将来的职业方向。

外婆赠送"对岁糕"，并送裤、袜、鞋给孩子祝贺。

四、成年

俗例男十六岁、女十五岁就算成年，届时要"谢姑婆"（答谢床母），吃三七炖嫩鸡，表示从此告别少年、已是"大人"了，俗称"吃鸡做大人"。外婆家送衫、裤、鸡、米粉、猪肉、猪肠等祝贺。男子要报告祠堂上丁，上丁后即可参加祠堂的祭祀活动。

五、结婚

（一）大婚

大婚即人类学所指明媒正娶的男婚女嫁。近代婚礼承继周礼"六礼"，而有所损益和简化。20 世纪上半叶，龙岩婚礼受到"文明婚"的冲击，但传统的婚俗仍在大部分地区基本保存。典型的结婚过程包括下述礼仪。

（1）议婚。由父母做主，请媒人向女家提亲。女家有意后，双方由媒人互送"红纸生月"（即庚帖，将年庚八字写在红纸条上），各自压在灶头或收藏于米缸、米升内，五日内家中平安无事，则视为吉利。再各到庙宇求神问卜，如一连三次求得上笅（即一面阳、一面阴），代表神明指示合宜。再请算命先生"合婚"，如无冲克，即可安排"相亲"。男方由父兄或朋友陪同，由媒人引到女家。女方由右厢房走到左厢房，如男方看不清楚还可以再由左厢房走回右厢房。然后女家用茶盘奉上香茗待客。男方如看中意，则将预先准备好的大红包或戒指放在茶盘上；如不中意，则将小红包放在茶盘上。谚称"四目共相对，日后莫嫌长短脚"。相亲后，双方父母互访。女方父母等到男家察访俗称"游家风"。

（2）订婚。由男方选定日期通知女方，依时将彩礼（金银首饰、衣服布料、糖果等）、"身价银"（聘金）、礼饼（肉饼、番薯饼）送到女方府上。女方回赠以花生、乌豆、红糖（指红糖丸，以粒计算，每粒重约一两）和信物等。女方将礼饼分赠亲友，意为告知女儿已订婚。族亲按婆媳人数一人一个，叫"翁婆分"；邻居一户一个，叫"相分"；其他近亲好友则予"半架"六个或"一架"十二个。除"翁婆分"和"相分"外，收受礼饼者必须于女方结婚前送红包，俗称"赠嫁主"；这些人都被女方家长聘请，以"娘家桌"的身份在结婚时赴宴。

（3）"送日子"。男方将结婚的时间通知女方。一般由男方写好"日子单"，附上银元一"架"（12元）或两三"架"，或一定吉利数字的钞票。

（4）搬嫁妆。迎娶前一天，女方送男方嫁妆，由一位老妈（喜娘）肩挑一担"子孙桶"（下净盆）、尿桶、面盆等为先导，在新娘的一位弟或侄陪同下，送至男家。男方放鞭炮迎接，并致押送嫁妆的红包，俗称"回底箱"；谢岳母养女之恩的红包，俗称"洗尿屎银"；若女方祖母健在，亦需送一份"洗尿屎"红包。嫁妆放置于厅堂，让邻居戚友观看。

（5）接新娘。结婚日清晨或上午，男方备灯笼花轿到女家迎娶，燃放鞭炮后入女方家门，女方备米粉、肉、点心招待。再次放炮后，新娘坐轿出门，随行的有雌雄童鸡一对、"猪心和菜"（猪心内塞入冰糖，另加金针、木耳、墨鱼干、花生米、粉丝、藕片、红枣、乌枣等12种菜）一包，以及茶汤（含蛋、糯米、茶叶、冬瓜糖、红枣等）等礼品。迎娶途中，如遇上送葬等不吉利的事，要避开。

（6）拜堂。新娘花轿抬至男家时，燃放鞭炮，老妈放竹筛于花轿门下，打开轿门，说几句吉利话，扶新娘出轿踩过竹筛，撑雨伞遮扶新娘进洞房。亲人回避，忌相冲。房内点花灯，新郎迎接。然后同到大厅拜堂，一拜天地，二拜祖宗，三拜高堂，夫妻交拜后礼成进洞房。有的则先到祖祠拜祖宗，再回大厅拜堂。

（7）喜筵。在傍晚举行，放炮后开席。新娘的母舅为主客，坐"厅头桌"首位。其他依辈分、年龄、身份恭请入座。洞房内设"新娘桌"，进门厅口设"鼓吹桌"。菜肴一二十道，须有"洋鱼""什锦"两道名肴。端出"清蒸姜丝鸡"时，新郎向男宾、新娘向女宾敬酒。宴罢放炮散席，新娘以"新娘茶"奉献亲人、招待客人，新郎则和主婚人在大门口送客。母舅还另送"回菜"，一般是鸡腿一只、猪肉一块、面干三个、洋鱼一个、什锦一筒。

（8）洞房花烛。喜筵散后，新郎新娘到大厅跪听"读祝"，读祝先生坐于高椅上宣读祝辞，间或考问，由新郎或新娘一一作答，直至先生满意后通过，进入洞房。洞房内点龙凤花烛或花灯，夫妻同饮交杯酒。晚上闹洞房，由新郎新娘表演双方亲密的节目，深夜始散。新郎新娘登床前，找出藏在床上和被里的红橘、乌豆、糖肉糕，共同品尝。红橘、乌豆寓开花结果、子孙满堂，糖肉糕寓双方相亲相爱、如胶似漆。

（9）"出水"。结婚第二天清早，新娘起来泡茶，夫妇共端茶盘向父母、长辈跪敬"新娘茶"（内放茶叶、蜜饯）；父母则赠以红包一个，谓之"拜钱"。中午，将喜筵后的剩菜温热，加上几个菜式，恭请舅母坐厅头。这一天舅母是主客。

（10）请回门。新娘婚后第一次由新郎陪同回娘家，谓之"回门"。一般在婚后第三天，也有第二天、第五天、第十天的。礼品是甜点一"拿提"（竹提篮）、甘蔗二支。新娘提着"拿提"在前，新郎提着甘蔗在后，步行前往。娘家派一长辈在门口迎接新婿，高举一双筷子于眉间，再比手势请进；新郎答礼，行几步，再举筷于眉，比手势请进；新娘答礼，行几步……直到比画到席上，请新郎坐上主客之位而后止，谓之"催位"。新郎新娘向娘家父母和伯叔敬送"拜钱"，而娘家要在其基础上添加、包红包回送。中午娘家主办宴席，请亲朋陪客。下午辞行回归，由小舅子们送姐夫、姐姐，沿路每呼叫一次，姐夫发给一个红包，一般得三个红包才给姐夫"放行"。

（11）月圆。结婚满一个月谓之"月圆"。娘家父母上门探访，送糯米做的"月圆糍"（大小同礼饼，其中大糍两个谓之"糍母"），由男家分赠戚友。这一天，全家要吃"猪心和菜"。①

（二）小婚

小婚即童养媳婚。龙岩之童养媳称为"新妇崽"，客家则称"新婢子"。童养媳婚仪式简单，通常选择除夕夜举行，以年夜饭作为婚礼酒席，没有聘金和嫁妆。有的结婚前回到生父家，夫家送少量"身价银"和"洗尿屎银"，入门有一两套衣服等物作为"巧头"陪嫁。家境较好的则不在除夕日举行，还办一两桌宴席。

陈陂村 13 位小婚男性受访者中，没有在除夕夜结婚的；在旧历年底（十二月二十六日或更早）的有 7 位，占 53.8%。19 位小婚女性受访者中，也没有在除夕夜结婚的，在旧历年底的有 13 位，占 68.4%。冬季以外的小婚时间，一般是三月或七月。

大洋村 9 位小婚男性受访者中，没有除夕夜结婚的；旧历十月结婚的 4 人，占 44.4%；九月 2 人，五月、十一月和十二月各 1 人。19 位小婚女性受访者中，没有除夕夜结婚的；旧历十二、十一月结婚的各 6 人、占 31.6%；下半年结婚的 5 人，占 26.3%；九月和春季结婚的各 1 人。

联合村 10 位小婚男性受访者，都是除夕夜结婚的。7 位小婚女性受访者中，5 位是除夕夜结婚的，占 71.4%；1 位在十二月结婚；还有一位例外，养兄外出广东谋生，三月回来结婚。

（三）招赘婚

招赘婚是一种男进女家的婚姻，没有特别的仪式规范。

---

① 参见林锦发：《龙岩的婚丧喜庆礼俗》，载《龙岩会讯》1992 年第 18 期，台北：龙岩同乡会，第 794 页。郑骥良：《龙岩礼俗中的"脸皮"》，载《龙岩文史资料》1994 年第 22 辑。

陈陂村男性受访者有 1 人入赘，本人是孤儿，而妻家没有男孩。夫妻同姓，故无改姓问题。没有送礼，也没有什么正式结婚仪式。女性受访者有 2 人招赘：1 位是养父无男嗣，招侄儿过房，未送礼；结婚时她从小门出大门进，举行婚礼，与大婚相近但简化。1 位是台湾人，因家无男嗣招赘，男方是本村人，当时单身在台湾。双方有送礼，但没有举行正式结婚仪式，男方和子女亦未约定改姓。1929 年随夫返回本村。

大洋村男性受访者有 1 人入赘，妻家父母依算命招赘。本人是外地人，年纪大，同意入赘，未送礼，结婚时无仪式，只请几桌客。本人和子女不改母姓。女性受访者有 1 人招赘，本人过继外家，而外家又无男嗣。丈夫是孤儿，未改姓，子女改从母姓。未送礼，入赘时在外家祖厅拜堂，请几桌客。

联合村男性受访者有 4 人入赘，都是原被妻家领养，和养妹结婚。3 人改姓，1 人未改姓但子女均同母姓。1 人女方有送礼，其他均未送礼，无仪式或简单拜堂，请几桌客。

此外，结婚双方如有一方是再婚，即使属于大婚类型，习惯上也用小婚仪式。

六、生日

生日多不大做，不请客，谓之"小生日"。一般是全家吃"粉肉蛋"，即有肉和荷包蛋的米粉或面条，过生日者吃两个蛋。

岩俗三十以上可做"大生日"，即祝寿，十年一次，年龄以虚岁计，逢一祝寿，多从五十一做起，称"五旬（秩）晋一"或"六旬（秩）开一"。

祝寿通常在生日以前举行，由儿子筹办（"承庆"）。女儿女婿提前一至三天备送寿礼，多为寿烛一对、鞭炮一包、鸡一只，还有蛋、猪肉、米粉、寿面、寿桃、衣服鞋袜等，亲戚送鸡、肉、蛋、米粉、鞭炮、寿轴等礼物，友人多数送红包。

祝寿前夕"做满寿"。晚饭后在寿堂点燃寿烛，寿星、寿婆坐在正中的高椅上，承庆子孙举家跪在地上叩首拜寿。礼毕，寿星分发每人一份"拜钱"（花生、黑豆、红包）。

祝寿当天清早，依式再拜一次。高龄者一般当天避寿，找个地方躲起来，闭门谢客。

祝寿客人登门恭喜者先尝一碗寿面，寿面或放在寿筵作为第一道菜。寿筵多于中午举行，晚上或次日补请，务必贺客全请到。简单者数席、十数席，隆重者上百席。桌椅用品或由邻居借凑，或向店铺租用。延请一二厨师主厨，亲友做下手。

祝寿期间，堂上寿烛高烧，要时时修剪烛芯，禁忌熄灭；烧掉五分之四时必须吹熄，叫作"留寿"。

七、丧葬

（一）丧葬仪式

龙岩丧葬仪式大同小异，一般过程如下：

1. 弥留之际或刚去世后，洗身梳理，更换寿衣，衣裤件数从单数。遗体由儿子揽腰、媳妇扶头、女儿扶脚，搬放在门板上，抬到厅堂上，男左女右肃立；然后设置灵堂，摆香案、冥被、纸扎神鬼、灵屑、挽联等。

派人分头向亲友报丧，请算命先生选择盖棺出葬时间，指点忌讳。事先或临时请地理先生看风水、找墓地。

2. 守灵。孝子孝孙在灵堂守灵，上香焚纸，女儿、媳妇"哭灵"。亲友闻讯，主动前来吊唁致哀，送挽联、"冥资"等。俗云"丧事主动到"。

3. 入殓。停尸至入殓间隔，俗为"春三夏一、秋五冬七"。入殓时，按亲疏顺序向死者祭拜后盖棺。死者如是妇女，须等外家亲人吊丧后才可盖棺。请师爷开"冥路"，过十殿阎王，念《二十四孝》《十月怀胎》等。

入殓后，棺木停放屋外。吊唁、送冥资的亲友在丧家吃午饭"百岁饭"（又称"吃肉心"），不饮酒，孝子孝孙等直系亲属在灵堂前席地而食。

4. 出殡。"百岁饭"后或饭前举行。

（1）烧"灵厝"起灵送葬。队伍最前面是提一笼雄鸡、散纸钱的，接着是提灯笼（2个）、拿旗子（2面）、放鞭炮的，接着是拿奠仪如挽联、轴子的，接着是孝子孝孙、棺木，后面跟着送葬的亲戚朋友。

（2）棺木接近墓地时，送葬的亲友即返回。到达墓地后，抱香炉、木主牌的孝子不等下葬即返，送香炉、木主回灵堂。

（3）棺到墓地后，师爷割鸡将鸡血洒在棺面上，念经。礼成，放棺入墓穴，孝子孝孙各捧一把土撒下，然后掩埋。

5. 守孝。葬后，灵堂继续供奉木主至孝满。守孝原为三年，民国时龙岩一般为周年，也有以"七七"为期的。服孝期间，逢三七、五七、七七、百日、周年等日，死者的直系亲属要携带香、纸和祭品到坟前祭奠。逢年过节不蒸年糕、不做圆子、不包粽子，不办喜庆事。过年大门贴蓝对联、挂白灯笼。

孝满"除灵"，升火入祠，竖立神主牌。

6. 移葬扫墓。葬若干年后，要"拾骨"（拾遗骸装入"金斗"——瓮中）择新地安葬，修墓立碑，秋冬扫墓。此外，每逢死者虚龄七十、八十、九十、百岁生日，亲属应备祭品上坟为死者"做阴寿"。

（二）丧服制度

明清祀典对本宗九族丧服的规定如下：

1. 期服。用麻布。其中：

斩衰，用最粗的麻布，不缝下边。适用父母之丧，穿三年。

齐衰，用稍粗的麻布，缝下边。适用期亲尊长之丧。丧期又分杖期（持杖，服一年）、不杖期（不持杖，服一年）、五个月和三个月。

2. 大功。用粗熟布，穿九个月。

3. 小功。用稍粗熟布，穿五个月。

4. 缌麻。用稍细熟布，穿三个月。

5. 袒免。以尺布缠头。适用于族内同五世祖、远于缌麻一级的亲属。①

在龙岩田野工作中，我们发现受访者（大多是不识字或文化水平低的农民、农妇）口述的丧服制度，虽然承继了五服制的精神，但在形式上已经大为简化。见表 56、表 57。

表 56　陈陂、大洋村的丧服

逝者亲属	身上	头上	脚上
儿子	麻衣	草帽	草鞋
已嫁的女儿	麻衣	麻帽	麻鞋
媳妇	麻衣		
妻子	麻衣或白衣		
未嫁的女儿	白衣	白帽	白鞋
兄弟姐妹、小舅子、女婿、侄、外甥、孙子¹、外孙、曾孙	白衣		
玄孙	红衣		
小舅子之子	手臂扎白布		

注：1. 长孙同子。

在平原（陈陂、大洋村），丧服的区分主要是直系家人麻衣与亲人白衣（稍细熟布）；在山区（联合村），才有众孙皆服麻衣的现象。山区保留的传统色彩较浓。

① 《大清会典》卷 54《礼部·丧礼五》。

表 57　联合村的丧服

逝者亲属	身上	头上	脚上
儿子	麻衣	麻帽和白帕	麻草鞋
女儿	麻衣	麻帽和花帕	
媳妇	麻衣	麻帽	
孙子、曾孙、玄孙[1]	麻衣	花帕[2]	
弟、妹、侄	素服	花帕	
兄、姐	素服		
女婿、外甥、外孙、小舅子及其子	素服	白布	

注：1. 三周岁起着丧服。2. 黑白相间格子图样的土布做成的头帕。

此外，在服孝期间，直系家人多以肩上佩戴麻布条或白、黑布条代替穿着丧服，丧期也没有严格的时间限制。但服饰从素，不得穿红戴绿。

这种变化，和社会从传统向现代转型有关。平原农村接触现代文明较多，家族观念淡化，核心家庭的地位提升，对五服亲的区分趋向模糊，特别是在下层民众之中。而山区比较闭塞，传统的留存较多，虽然村民普遍不识字，不甚明了五服的深意，只是直观上把丧服等级观念传承下来。但丧服制度作为传统社会心理一种沉淀，仍具有很强的生命力。

第四节　岁时祭仪

岁时祭仪是家庭、社区乃至整个国家的节庆仪式，以一年为周期，确立各个节日，每个节日各有其特殊的仪式活动，表现不同的象征意义，目的都是希望借节日庆典，使人能顺利通过一年的各阶段①。

龙岩的岁时祭仪呈现汉族社区的通则，只在细枝末节稍有差异：

新正 正月初一，旧称元旦。黎明即起，穿新衣，晚生向长辈拜年，吃糯米甜粥。饭后出门，向邻居、亲友拜年道喜，串亲戚，谓之"做客"。初一至初五，都是"做客"的好日子。初五为贺年的最后一天，俗称"开年假"。

元宵 正月十五日，即上元节。旧俗"会首以神田所入为会，作戏队导引城隍神遍历境内，以祈神贶。其夕，张灯放烟爆，嬉游达旦"②。各户门前挂红灯笼。吃汤圆，小孩提灯戏要。有的带小孩从土地庙提灯回家，意为"添丁"。到他人菜园里拔菜，称为"拔长命菜"，见者不以为偷。

清明 即三月节。春光明媚，草木萌动，农家多在此时浸种备耕，田头种瓜点豆。清明前后各十日为祭祖扫墓之期，"悬柳于门，或戴于首，祭扫诸坟茔"③。

立夏 是日煮面尝新，庆贺"圆田"（田间春收春种的农活圆满结束）。将新麦碾压加工为面团，长可达数米，薄如纸片，然后切成几毫米宽的面条，晒干后用土纸包装好，俗称"面旗"，吃起来润滑爽口，老少皆宜。吃"油饭"（以糯米饭与猪油、香菇、瘦肉、花生仁等炒拌而成），据说可以润肠胃，使人不"瘦夏"。喝糟菜苦笋汤，据说立夏吃苦笋可以壮腰健足。

端午 五月初五，各家以竹叶包糯米做粽子（有碱粽和咸粽两种），煮熟后自食并赠送邻居、亲友，俗称"送节"。门上插菖蒲、艾草，驱邪除毒。中午饮"雄黄酒"，拔"午时草"（菖蒲、艾草、苏叶、薄荷、螺序草、车前草等）煎汤洗身，解毒防

---

① 李亦园：《人类的视野》，第312页。
② 乾隆《龙岩州志》卷9《风土志·风俗》，第226页。
③ 乾隆《龙岩州志》卷9《风土志·风俗》，第227页。

病，晒被褥衣服，喝"午时水"。当日在龙津河畔有龙舟竞渡活动，但陈陂、大洋村都没有组队参赛。

七夕　是夜，"陈瓜果于庭，祀牛女星。稚女罗拜，亦'乞巧'遗意"①。瓜果之外，还吃"麻老"（爆米花、花生米、油、葱、麦芽糖拌炒制成）。男女结婚三年内，娘家要送"麻老"、水果给婆家，俗云"翁婆吃七夕"。

中元　俗谓七月半过"鬼节"，但无"普度"之称。在厅堂（联合村在祠堂）祭拜祖先和鬼神，有丰盛的晚餐。晚上在房屋四周和屋前路旁插烧香火，在门前路口烧纸钱。小孩举着插有香火的小竹竿舞动戏耍。

中秋　吃月饼、赏月。相传此日是土地公生日，备礼品和月饼祭拜土地公，演木偶戏。

重阳　九月初九"九月节"，蒸糕、聚餐、饮酒。联合村有此俗，陈陂、大洋村无。

冬至　俗称"冬年"，做"粿饺"（以米和芋子茎叶等为原料做皮，以冬笋、咸菜、萝卜等为馅，包成三角或牛角状）和"冬年圆子"（汤圆），全家分食，谓之"添岁"。陈陂、大洋和联合村均在祠堂祭祖，无祠者则祭于家。

岁腊　十二月二十四日夜，祭灶神。二十五日"入年假"，戚友以物相馈，曰"送年"。

除夕　和全国各地一样，是最重要的节庆。岩俗："除旧物，易桃符。凿黄纸为钱，悬于门端。蒸米为岁饭，盛馔荐先。谓之'辞年'。放火爆以辟寒迎燠，老幼围炉团饮至夜分，谓之'守岁'。房厨灯烛彻夜不断，谓之'上灯'。"②

---

① 乾隆《龙岩州志》卷9《风土志·风俗》，第227页。
② 乾隆《龙岩州志》卷9《风土志·风俗》，第227页。

结语 "社会记忆"的思考

以上我用田野观察与文献记录相结合的方法重构了陈陂、大洋和联合村的"民族志",可以说是历史学与人类学对话的尝试。

从历史学的角度来看,人类历史活动的资料是层层累积的。在文字出现以前的历史,人们主要依赖考古发现去重新认识;有了文字记载以后,文献典籍是研究的主要工具。然而,现存的文献典籍只是不同时代"社会记忆"的一部分,主要是统治者和上层社会的部分;下层社会的历史活动绝少被记录,有的记录亦因属于非主流而散失于民间,后人往往要通过考古发现或遗俗遗制调查来重新"发现"。因此,现代史学很重视考古文物和口述历史的价值。以乡例、民俗、地名证史,以地方志、族谱、契约文书、账簿等民间文献证史,成为社会经济史学常用的方法。在这个意义上,历史学和人类学是相通的。这也是我乐于接受和参与田野工作的一个理由。

这次尝试,无疑给了我向人类学学者学习的机会,但我也遇到了不少困难。首先,我负担的本职工作不允许我像人类学学者那样,在一个村子进行一年以上的"参与观察",亲自体验当地社会生活的全过程;其次,人类学田野工作的许多项目是我陌生的。这就使我缺乏人类学学者的眼力,虽尽力把采访的事项勾勒出来,但往往因领悟迟钝而体认肤浅,不符合人类学的规范,有东施效颦之虞,这是我深感惭愧的。

这次田野工作和一般人类学调查的性质稍有不同,我们企图借助村民的集体回忆重构20世纪上半叶的地方历史,所获取的"社会记忆"是过去式的。不容否认,经过四十年以上历史漏斗的筛选，有不少记忆已经模糊，或处在失忆的状态中，我们能够"抢救"到的不再是昔年"社会记忆"的全部，所以有必要参考文献去补充和复原。遗憾的是，我在当地能够找到的民间历史文献不多，难以发挥史学的长处，不得不较多地依仗口述历史，这带有不小的局限性和危险性。不过我要说明的是，尽管村民的回忆也会出现时空错位、人物混淆等错误，但其基本面是朴实的，可以去集体记忆中核校，故依然具有较高的可信性和可用性。我们采访过的三百位老人，如今不少已经谢世了，亦即往后的调查者不可能面对相同的对象，这就使这些记录具有不可替代的史料价值。当然，对调查资料和数据的分析和描述夹杂着我的体认感受，加上我搜索地方文献和学术作品得来的知识，权当一家之言，也许可以供研究者参考和利用。

龙岩社会文化在闽南文化和客家文化交融互动之中形成自己的个性，在调查的三个村中也有明显的差异：既有移民族群固有的文化特质、或隐或显地保留闽南文化或客家文化的痕迹，又有移民族群互动的适应性变化、具有合成文化的特征，这是社会文化变迁的必然结果。这些文化的相同之处，就是都遵循传统中国社会的组建原则和中国人的生活准则，历经时代变革后仍然沉淀在村民们的心理中，体现在日常行为方式上。中国农村社会表征文化的多样性和心态文化的同一性，可以从龙岩的个案中得到生动的印证。

龙岩文化与台湾文化的关系，是学者未曾触及的问题。明清福建人移居台湾的大潮，龙岩人也曾参与其中。我在田野工作中查到的族谱，就有相关的记载。如大洋村蒋氏《蒋钟英族谱》云长房"九世浒、泮兄弟，迁台湾"，联合村《王氏宗谱》云"（十六世）必桢公，字振祥，生于康熙己未（1679）年，至庚寅（1710年）往台湾，外卒""（十八世）庆唐公，往台湾，外卒""庆和、庆穆、庆典、庆旺公，俱往台湾，外卒，无传"。

1928 年，台湾"总督府"官房调查课编印的《台湾在籍汉民族乡贯别调查》，总计全岛祖籍龙岩州的人口为 1.6 万人，分布情况见表 58①。

表 58　1928 年 1.6 万龙岩人在台湾分布情况

州厅	市郡、街庄	今地名	人数	
台北州	基隆市		1600	2600
	宜兰郡宜兰街	宜兰市	100	
	罗东郡罗东街	罗东镇	300	
	苏澳郡苏澳庄	苏澳镇	100	
	海山郡土城庄	土城乡	500	
新竹州	桃园郡卢竹庄	卢竹乡	1900	1900
台中州	大屯郡太平庄	太平乡	200	6100
	彰化郡彰化街	彰化市	100	
	员林郡永靖庄	永靖乡	5000	
	北斗郡竹圹庄	竹圹乡	200	
	南投郡中寮庄	中寮乡	100	
	能高郡国姓庄	国姓乡	100	
	新山郡竹山庄	竹山镇	400	
台南州	台南市		1200	2500
	新营郡番社庄	东山乡	500	
	斗六郡古坑庄	古坑乡	100	
	斗六郡斗南庄	斗南镇	200	
	东石郡义竹庄	义竹乡	500	

① 陈汉光译：《日据时代台湾汉族祖籍调查》，《台湾文献》第 23 卷第 1 期，台北：台湾省文献会，1972 年。

续表

州厅	市郡、街庄	今地名	人数	
高雄州	高雄市		200	2700
	凤山郡仁武街	仁武乡	500	
	旗山郡旗山街	旗山镇	400	
	旗山郡内门庄	内门乡	200	
	屏东郡屏东街	屏东市	500	
	屏东郡盐埔庄	盐埔乡	900	
花莲港厅	平野区	花莲市	100	200
	凤林区	凤林镇	100	

可见台湾东西南北都有过龙岩移民散居的聚落。直接以龙岩为地名的，有云林县褒忠乡的龙岩村和元长乡的龙岩厝（今均称龙岩社区）。1997年1月4日台湾政治大学历史系张哲郎教授陪我到此短暂逗留，冒雨穿行村中，深感有进一步访查的必要。

至于台湾龙岩移民的族谱，在1987年"台湾省各姓历史渊源发展研究学会"编印的《台湾区族谱目录》中，载有邱、俞、陈、赖、谢、罗6姓共8种。我在宜兰县县史馆还见到祖籍龙岩溪南的《邱氏族谱》抄本。流散在乡间的应该更多。

早期龙岩移民到了台湾以后，可能因为适应环境的需要，作为弱势群体被整合到闽南人或客家人的系统之中；也可能因为不受主流社会的重视，"社会记忆"未被记录下来，使之成为"文化失落"的群体？这是我饶有兴趣又一时做不了的研究课题。如果今后在这方面有所进展，本书在闽台社会文化比较研究中似乎才有了参照坐标，将会更有意义。

龙岩是我的故乡，但我很小的时候就离开了她，上大学以后我才陆续回去过几次。直到这次连续三年的田野调查，我才和父老乡亲有较多的心灵交流，才大概明白了自己的"根"。我的记录，算是游子对母亲的一个小小回报。

　　本书作为"闽台社会文化比较研究"计划的一部分，编写提纲是由武雅士教授提出、集体讨论确定的；所用表格，大部分由台湾"中研院"民族学研究所根据我的调查资料统计制作。在调查过程中，我还得到龙岩市方志办、各村村干部的大力帮助。在此，一并表示衷心的感谢。

主要参考文献

［明］汤相主修、莫亢主纂：《龙岩县志》，嘉靖三十七年（1558 年）刊本。

［明］梁兆阳主修、蔡国桢主纂：《海澄县志》，崇祯六年（1633 年）刊本。

［清］江藻主修、郑愫主纂：《龙岩县志》，康熙二十八年（1689 年）刊本。

［清］郝玉麟主修、谢道承主纂：《福建通志》，乾隆二年（1737 年）刊本。

［清］张廷球主修、徐铣主纂：《龙岩州志》，乾隆三年（1738 年）刊本。

［清］彭衍堂主修、陈文衡主纂：《龙岩州志》，道光十五年（1835 年）刊本。

［清］魏瀛主修、钟音鸿主纂：《赣州府志》，同治十二年（1873 年）刊本。

马龢鸣主修、杜翰生主纂：《龙岩县志》，民国九年（1920 年），上海：商务印书馆。

郑丰稔等纂修：《龙岩县志》，民国三十四年（1945 年），厦门：风行印刷厂。

福建省档案馆编：《民国福建省行政区划》，福州：福建省档案馆，1988 年。

卢建岩主编：《闽西风物志》，福州：福建人民出版社，1988 年。

龙岩市地方志编纂委员会编：《龙岩市志》（征求意见稿），龙岩：龙岩市地方志编纂委员会办公室，1991 年。

龙岩市地方志编纂委员会编：《龙岩市志》，北京：中国科学技术出版社，1993 年。

龙岩市红坊镇志编纂组：《红坊镇志》，龙岩：龙岩市红坊镇人民政府，1990 年。

张东民、熊寒江、阴长燕主编：《龙岩地区分县手册》，龙岩：龙岩地区地方志办公室、龙岩地区档案馆，1989 年。

悠湾《王氏宗谱》，光绪六年（1880 年）抄本，龙岩市红坊镇联合村王氏藏。

悠湾《黄氏宗谱》，清末抄本，龙岩市红坊镇联合村黄庆陶藏。

邓豹文《邓氏宗谱》，嘉庆二十年（1815 年）抄本，龙岩市红坊镇联合村邓学林藏。

永锡堂众重修《王氏天成户族谱》，民国五年（1916 年）漳州聚文堂石印本，龙岩市西陂乡大洋村王性全藏。

龙岩《翁氏族谱》，民国二十八年（1939 年）家刻本，龙岩市图书馆、博物馆藏。

龙岩《蒋钟英族谱》，民国十二年（1923 年）刻本，崇文堂代印，龙岩市博物馆藏。

龙岩《林梅亭族谱》，刻本，龙岩市博物馆藏。

龙岩《王氏宗谱》，抄本，龙岩市西陂乡排头村王氏藏。

大洋《刘氏族谱》，抄本，龙岩市西陂乡大洋村刘炳钦藏。

大洋《刘氏木轩房谱》，道光六年（1826 年）石印本，龙岩市西陂乡大洋村刘炳钦藏。

龙泉《陈氏家谱》，抄本，龙岩市东肖镇龙泉村陈玉芳藏。

龙岩《邱万钟户族谱》，民国十一年（1922 年）江西抚州李家渡塘坊村彭在西刻本，龙岩市南城区新陂村邱添庆藏（共 36 册，缺 3 册）。

杨浩湘：《福建省龙岩市红坊镇下洋村杨氏族谱》，1995 年。

悠湾邓氏《清末民初佚名杂记簿》，抄本，龙岩市红坊镇联合村邓学林藏。

王炎熙重抄礼仪帖式等，1985年，龙岩市联合村王炎熙藏。

邓桂芳、邓桂洲分家阄书，1945年，龙岩市红坊镇联合村邓桂洲藏。

福建省民俗志编委会：《福建省民俗志》（初稿），1993年。

［明］何乔远：《闽书》，福州：福建人民出版社，1994年。

林国平、彭文宇：《福建民间信仰》，福州：福建人民出版社，1993年。

朱洪、姜永兴：《广东畲族研究》，广州：广东人民出版社，1991年。

刘远：《刍谈龙岩的信仰民俗与闾山道坛活动》，《福建省宗教研究会论文集》，1994年。

林锦发：《龙岩的婚丧喜庆礼俗》，载《龙岩会讯》1992年18期，台北：龙岩同乡会。

郑骥良：《龙岩礼俗中的"脸皮"》，载《龙岩文史资料》1994年第22辑，龙岩：中国人民政治协商会议福建省龙岩市委员会文史资料委员会。

陈仙海等：《西陂人民革命史》，龙岩：中共西陂镇委、西陂镇人民政府，1993年。

陈达山：《纪念太极拳大师林伯炎》，载《龙岩文史资料》1996年第24辑，龙岩：中国人民政治协商会议福建省龙岩市委员会文史资料委员会。

李亦园：《人类的视野》，上海：上海文艺出版社，1996年。

陈汉光译：《日据时代台湾汉族祖籍调查》，《台湾文献》第23卷第1期，台北：台湾省文献会，1972年。

郑行亮：《福建租佃制度》，萧铮主编《民国二十年代中国大陆土地问题资料》第62辑，台北：成文出版社，1977年。

附录一、1988 年国家教委
对三方合作研究的批复

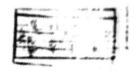

国家教育委员会文件

88 教外来字 7 2 6 号

关于与台湾、美国合作研究福建、
台湾两省风俗习惯的

厦门大学：

厦大外字（1 9 8 8）3 1、3 9 号文悉。

同意根据你校 3 9 号文的意见，与美国所选的大学商讨，和斯坦福大学、台湾"中央研究院"民族研究所合作进行"福建与台湾两省风俗习惯的比较研究"事宜。此系民间性质的合作，可不作公开报导。与台方合作、交往中，如有较重大情况及动向，请及时告我委港澳台办公室。

一九八八年十二月廿一日

抄送：福建省教委

附录二、1989年"闽台风俗比较"
三方合作研究协议书

合 作 研 究 协 议 书

一、研究课题：福建与台湾两省风俗习惯的比较研究

二、合作单位和主要参加人员：

1、美国斯坦福大学。人类学系武雅士教授（美方主持人）。胡佛研究所陈富美研究员（女）。甲省西根大学葛希芝教授（女）。印第安纳大学宋玛丽教授（女）。日本甲部大学王松兴教授（特邀）。

2、福建厦门大学。历史研究所所长杨国桢教授（闽方主持人）。人类学系陈国强教授。台湾研究所所长陈孔立教授等。

3、台湾中研院民族研究所。民族研究所所长庄英章教授（台方主持人）。台湾清华大学人文社会科学学院院长李亦园教授等。

三、研究方法和目的：

1、运用人类学和历史学相结合的研究方法。进行资料调查和田野调查。抢救福建省和台湾省民间社会的文献资料和口头资料。比较两省民间风俗习惯的异同。研究福建风俗习惯移植台湾后的变化。并对两省民间文化的差异提出科学的解释。

2、通过合作研究。促进英国学者台湾海峡两岸学者的学术交流和合作。

四、研究工作方案

1、本合作研究计划为期三年（1989.1—1991.12），在福建省的12个县和台湾省的10个县设置调查研究点。两省学者分别负责完成该省的调查研究工作。调查内容为1950年以前的地方社会和风俗习惯。包括背景资料、生产方式、社会结构、教育文化四个方面。各调查点得根据地方特点有所侧重。

福建省的调查点是：安溪、华安、连城、长汀、莆田、惠安（以上由历史研究所负责）；同安、晋江、惠安、漳浦（以上由人类学系负责）；南靖、平和（以上由台湾研究所负责）。均为开放县分。

台湾省的调查点是：宜兰、台北、新竹、苗栗、台中、彰化、南投、台南、高雄、澎湖（以上均由台湾中研究院民族研究所负责）。

2、武雅士教授每年一次以上到福建和台湾的调查点了解工作情况、通报信息、或参与部分的调查工作。每年有一位美国学者到福建和台湾参加调查工作。

3、每年在美国斯坦福大学进行一次有三方学者参加的、为期30天的学术交流活动。通报研究情况、协调研究计划。厦门大学参加学术交流的学者共4人（其中历史研究所2人，人类学系和台湾研究所各1人）。具体安排1989年1人，1990年1人，1991

年的人。

4、研究成果分别在福建和台湾出版。美方负责两省之间的成果互换工作。

五、研究工作的进度

1、原则上分为两个阶段：

第一阶段，在各自的调查点收集尽可能完整的文献资料，包括清至民国时代的地方志、文集、族谱、民间文书和土地、户口、民族、婚姻、宗教等有关档案资料。

第二阶段，进行实地口头调查，每县普查3个乡村，整理分析资料，撰写研究报告，交付出版。

2、各调查点的具体做法和进度，由各负责单位制定计划并组织实施。

六、经费

1、福建省调查研究的费用，由美方资助，总金额为120,000美元，凭单据向美国斯坦福大学报销。协议批准生效后，斯坦福大学将预支部分经费。

2、厦门大学4名学者到美国的国际旅费和生活费，以及美方人员访闽的一切费用，由斯坦福大学支付。

• 3 •

七、此协议经上级有关部门批准后生效 。

美国斯坦福大学人类学系教授

武雅士

厦门大学历史研究所所长、教授

杨国桢

1989年3月22日

附录三、60 岁以上男性问卷

1. 你今年多大？记得你是哪一年出生的吗？

2. 你是在这里出生长大的吗？如果不是，那你是在哪里出生的？

（如果受访人生于目前居住的社区，跳问第5题。）

3. 你何时搬到这里？

4. 你还住过哪里？（记录住过的地区以及迁移的原因）

5. 请将受访人的父母、兄弟姊妹（包括已过世、领养及送养的）、所生子女（包括已过世、领养及送养的）画一"亲属图"表示，同时依年龄自左向右排列，并在受访人处做一标示。请参考下面的说明与例子。

△代表男性　⊿代表被领养的男性　▽代表被送养的男性
▲表示去世的男性

○代表女性　◎代表被领养的女性　⊙代表被送养的女性
●表示去世的女性

　　=　　　表示婚姻关系

$\overline{\triangle}=○$　表示夫妻间的婚姻关系是大婚（即嫁娶婚）

$\overline{○}=\triangle$　表示夫妻间的婚姻关系是小婚（即童养媳婚）

$\overline{\triangle}=◎$　表示夫妻间的婚姻关系是招赘婚

　　≠　　　表示离婚或是婚姻关系中断

　　□　　　表示受访人

例如：

（1）$\triangle=\overline{●}$　表示夫妻的婚姻关系是大婚，妻子已逝。

　　　$\overline{○}=▲$　表示夫妻的婚姻关系是小婚，丈夫已逝。

199

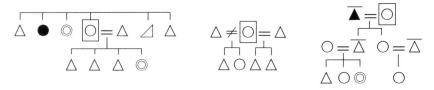

（2）左图表示受访人排行老四，另有五个兄弟姊妹。老大是男性，老二是女性、已逝，老三是养女或童养媳，老五是养子，老六是男性。同时，受访人的婚姻属于大婚，育有三男，收养一女。

（3）中图表示受访人离过一次婚，并再婚，两次都是大婚。第一次婚姻育有一男一女，二婚育有两男。

（4）右图表示受访人的先生已逝，育有一子一女。儿子有三个孩子，老大男，老二女，老三是养女。女儿已嫁，育有一女。

6. 你母亲有没有领养女孩？几个？她们是童养媳吗？

7. 你母亲有没有领养男孩？几个？是过房子还是螟蛉子？

8. 你母亲有没有把你的姊妹送给别人做童养媳？几岁时送出？现在何方，状况如何？

9. 除了你的母亲以外，你父亲还有其他妻子吗？

（如果受访人的父亲没有其他妻子，跳问 13 题。）

10. 你母亲是你父亲的第几个妻子？

11. 你父亲为何娶第二个妻子？

12. 你父亲的其他妻子有生小孩吗？生了几男几女？

13. 你母亲是童养媳吗？

14. 如果是，她是否嫁给了养兄弟？如果没有，是为什么？

15. 是你母亲嫁到夫家，还是你父亲入赘到你母亲家？

（如果受访人的父亲不是入赘的，则跳问 21 题。）

16. 你父亲入赘时是否改姓？

17. 你的兄弟姊妹中有人跟你母亲姓吗？

18. 你父亲住在你母亲家的时间有多久？

19. 你母亲家为何要招赘？

20. 你父亲为何答应入赘？

21. 你母亲有没有缠过小脚？几时开始？小脚有没有解开过？几时解开？

22. 你记得你的祖母吗？她有没有缠小脚？

23. 你的姊妹有没有缠过小脚？几时开始？后来有没有解开？几时解开？为什么解开？

24. 你是在你出生的家庭长大的吗？或是在别的家庭长大的？（如果受访人是在原出生家庭长大的，跳问 31 题。）

25. 你是几岁被领养的？

26. 在你被送给人领养时，你的生父母共生有几男几女？

27. 在你被领养时，你养父母家中共有几男几女？

28. 在你被领养以后，你有没有回过生父母家？是在什么情况下？

29. 你的生父母为何把你送给别人养？

30. 你的养父母为何要领养你？

31. 你结婚之前，在家中担任什么工作（包括家务事及在家做的可赚钱的工作）？

32. 你结婚之前，有没有外出工作过？做哪一类工作？

（如果受访人没有外出工作过，跳问 38 题。）

33. 你帮谁工作过？

34. 帮人做什么样的工作？

35. 这些工作赚多少钱？（请注明是日薪还是月薪以及币制单位）

36. 在结婚之前，你工作了多少年？

37. 你赚的钱是不是自己掌管？如果不是，是交给谁？

38. 你多少岁结婚的？你记得是哪一年吗？

39. 你结婚的时候，你妻子多大？

（如果受访人的妻子不是童养媳，跳问 46 题。）

40. 你什么日子结婚的，是在除夕夜吗？

41. 在你结婚之前，你父母有没有把你的童养媳送回生父母家住一段时间？

42. 在你结婚的时候，你妻子的生父母家有没有送你家一些礼物？

43. 你家有没有给你妻子的生父母家什么礼物？

44. 对于娶在你家中养大的童养媳，你有什么看法？

45. 如果你娶了在别家长大的女孩，你认为你的生活会更好还是更糟？

（如果受访人被问过 40—45 题，跳问 71 题。）

46. 婚后是妻子住在你家，还是你住在她家？

（如果受访人的妻子住在他家，跳问 56 题。）

47. 婚后你有没有改姓？如果没有，家中是否有小孩从你姓？

48. 在你订婚和结婚时，你妻子家有没有送什么礼物？

49. 结婚时你妻子家有没有给你家或你本人什么礼物？

50. 你搬到你妻子家的时候，有没有什么正式的结婚仪式？描述一下当时的情形。

51. 你和妻子的父母住在一起多久？

52. 你妻子的父母为什么要你入赘到她家？

53. 你父母为什么会准你入赘到你妻子家？

54. 你对入赘到妻子家有什么感觉？

55. 如果你是娶老婆回家，而不是入赘，你认为你的生活会更好还是更糟？

（如果受访人被问过 47—55 题，跳问 71 题。）

56. 你们订婚的时候，你家送什么礼给你妻子家？

57. 你们结婚的时候，你家送什么礼给你妻子家？

58. 你家有没有给你妻子一笔聘金？如果没有，为什么？

（如果该家没有付聘金，跳问 62 题。）

59. 聘金是多少钱？（请注明币制单位）

60. 你妻子家是否送还一部分聘金？

61. 你妻子家怎样运用这笔聘金？

62. 你妻子嫁的时候有没有嫁妆？如果没有，为什么？

（如果受访人的妻子没有嫁妆，跳问 66 题。）

63. 你妻子的嫁妆包括哪些东西？有没有土地、房子、金钱？这些财物后来如何处理？

64. 你妻子的嫁妆大概值多少钱？

65. 你妻子的嫁妆是谁给的？

66. 描述你结婚之前和你妻子交往的情形。

67. 结婚那一天你的妻子是不是坐轿子？是哪一种轿子？

68. 描述结婚当天你妻子到达你家之前的情形。

69. 描述结婚当天你妻子到达你家之后的情形。

70. 描述结婚后头几天你所必须做的特别的事。

71. 在你结婚的时候，你家有谁住在一起？请依第 5 题之例画一亲属图。

72. 婚后那几年你家以什么为生？

73. 你家有没有土地？

（如果该家庭没有土地，跳问 76 题。）

74. 你家有多少土地？

75. 你家的土地是自己的，还是租的？有多少是自己的，多少是租来的？

76. 你家有没有经营生意或其他事业？

（如果该家庭没有店面或其他事业，跳问 79 题。）

77. 你家经营什么样的事业？

78. 你家经营事业的资本是从哪里来的？

79. 你家中有没有人是劳工或工薪阶层？

（如果家中没有劳工或工薪阶层，跳问83题。）

80. 他们给谁工作？

81. 他们做什么样的工作？

82. 他们所获的酬劳是多少？（请注明是日薪还是月薪以及币制单位）

83. 你结婚的时候，你妻子家有谁住在一起？请依第5题之例画一亲属图。

84. 你妻子家在你们结婚时以什么为生？

85. 你妻子家有土地吗？

（如果妻子家没有土地，跳问88题。）

86. 你妻子家有多少土地？

87. 这些土地是自己的还是租的？

88. 你妻子家有没有经营生意或其他事业？

（如果妻子家没有店面或其他事业，跳问91题。）

89. 你妻子家经营什么样的事业？

90. 你妻子家经营事业的资本是从哪里来的？

91. 你妻子家有没有人是劳工或工薪阶层？

（如果家中没有劳工或工薪阶层，跳问95题。）

92. 他们给谁工作？

93. 他们做什么工作？

94. 他们所获得的酬劳是多少？（请注明是日薪还是月薪以及币制单位）

95. 是你家还是你妻子家比较有钱？

96. 你结婚后的头几年做什么样的工作？

97. 你婚后有没有外出工作过？

（如果受访人没有外出工作过，跳问103题。）

98. 你给谁工作？

99. 做什么样的工作？

100. 你的薪水是多少？（请注明是日薪还是月薪以及币制单位）

101. 你外出工作了多少年？

102. 你赚的钱是自己掌管还是交给谁？

（如果受访人的妻子有生小孩，跳问 105 题。）

103. 你妻子为什么没生小孩？

104. 你或你妻子有没有服过任何药物，以便能生小孩？

105. 你妻子生了几个小孩？几男几女？（要求计算出所有顺产胎儿）依序列出每个孩子的性别和出生时你妻子的年龄；如果有小孩夭折，列出其死亡年龄及可能原因。

胎数	性别	母亲当时年龄	小孩死亡年龄	可能的死亡原因

106. 你妻子生最后一胎的时候是多少岁，为什么后来不再生了？

107. 你妻子还活着吗？如果不在了，是什么时候去世的？

108. 如果你妻子已过世，你是否曾再婚？再婚是否有什么特殊婚俗？

109. 你离过婚吗？如果离过，是在多少岁的时候？你有没有再婚？

110. 你的小孩有没有在结婚之前就夭折了的？如果有，是在几岁的时候，是什么原因？利用 105 题的表格，记录可能的死亡原因。

111. 你和你妻子有没有收养过女儿？

（如果受访人没有收养女儿，跳问 116 题。如果有，针对每一个收养的小孩询问下列问题。）

112. 你在多少岁的时候收养她？

113. 她当时几岁？

114. 你从谁那里收养她？

115. 你为什么收养她？

116. 你和你妻子有没有收养男孩？

（如果受访人没有收养男孩，跳问 121 题。如果有，针对每一个收养的小孩询问下列问题。）

117. 你在多少岁的时候收养他？

118. 他当时几岁？

119. 你从谁那里收养他？

120. 你为什么收养他？

121. 你有没有把你的女儿送养或卖掉过？

（如果受访人没有送养或卖掉过女儿，跳问 125 题。如果有，找出是哪个女儿，并询问下列问题。）

122. 你在女儿几岁的时候把她送人？

123. 你把她给了谁？

124. 你为什么把她送人？

125. 你有没有把你的儿子送养或卖掉过？

（如果受访人没有送养或卖掉过儿子，跳问 129 题。如果有，找出是哪个儿子，并询问下列问题。）

126. 你在儿子几岁的时候把他送人？

127. 你把他给了谁？

128. 你为什么把他送人？

129. 你希望多生还是少生一些孩子？为什么？

130. 你的妻子呢？她希望多生还是少生一些孩子？为什么？

131. 你有没有兄弟？是哥哥还是弟弟？

（如果受访人没有兄弟，结束问卷。）

132. 分家的时候，你和兄弟各多少岁？

133. 当你们分家的时候，你父亲还活着吗？（如果没有，他是什么时候过世的？）

134. 当你们分家的时候，你母亲还活着吗？（如果没有，她是什么时候过世的？）

135. 决定分家的时候，你们还一起吃饭吗？

136. 你们为什么决定分家？

137. 你们是怎么分配土地的？你得到多少？你每一位兄弟分到多少？

138. 你们分家的时候，有没有租来的土地，如果有，又是怎么分配的？

139. 你家经营的生意或其他事业又是怎么分配的？

（如果受访人的父母都过世了，跳问 142 题。）

140. 你们有没有拨出一部分家产为父母养老？如果有，是什么？

141. 你们分家以后，你父母住在哪里？他们一直一起住吗？你们兄弟如何奉养父母？

142. 你们有没有分一些钱或是土地给长孙？为什么？

143. 谁决定你们的家产该如何分配？你的母舅有没有参与此事？

144. 你们分家的时候，有没有什么特别的仪式？

145. 你们分家以后，祖先牌位如何处理？你们是一起祭拜，还是分开祭拜？

146. 你家是否有书、族谱等文字资料？

附录四、60 岁以上女性问卷

1. 你今年多大？记得你是哪一年出生的吗？

2. 你是在这里出生长大的吗？如果不是，那你是在哪里出生的？

（如果受访人生于目前居住的社区，跳问第 5 题。）

3. 你何时搬到这里？

4. 你还住过哪里？（记录住过的地区以及迁移的原因）

5. 请将受访人的父母、兄弟姊妹（包括已过世、领养及送养的）、所生子女（包括已过世、领养及送养的）画一"亲属图"表示，同时依年龄自左向右排列，并在受访人处做一标示。请参考下面的说明与例子。

　　△代表男性　　⊿代表被领养的男性　　▽代表被送养的男性
▲表示去世的男性

　　○代表女性　　◎代表被领养的女性　　⊙代表被送养的女性
●表示去世的女性

　　=　　　表示婚姻关系

$\overline{\triangle = \bigcirc}$　表示夫妻间的婚姻关系是大婚（即嫁娶婚）

$\bigcirc = \triangle$　表示夫妻间的婚姻关系是小婚（即童养媳婚）

$\overline{\triangle = \bigcirc\!\!\!\!\bigcirc}$　表示夫妻间的婚姻关系是招赘婚

　　≠　　表示离婚或是婚姻关系中断

　　□　　表示受访人

例如：

（1）　$\triangle = \overline{\bullet}$　表示夫妻的婚姻关系是大婚，妻子已逝。

　　　　$\overline{\bigcirc} = \blacktriangle$　表示夫妻的婚姻关系是小婚，丈夫已逝。

（2）左图表示受访人排行老四，另有五个兄弟姊妹。老大是男性，老二是女性、已逝，老三是养女或童养媳，老五是养子，老六是男性。同时，受访人的婚姻属于大婚，育有三男，收养一女。

（3）中图表示受访人离过一次婚，并再婚，两次都是大婚。第一次婚姻育有一男一女，二婚育有两男。

（4）右图表示受访人的先生已逝，育有一子一女。儿子有三个孩子，老大男，老二女，老三是养女。女儿已嫁，育有一女。

6. 你母亲有没有领养女孩？几个？她们是童养媳吗？请逐一注明。

7. 你母亲有没有收养男孩？几个？他们是过房子吗？请逐一注明。

8. 你母亲有没有把你的姊妹送给别人做童养媳？几岁时送出？现在何方，状况如何？

9. 除了你的母亲以外，你父亲还有其他妻子吗？

（如果受访人的父亲没有其他妻子，跳问 13 题。）

10. 你母亲是你父亲的第几个妻子？

11. 你父亲为何娶第二个妻子？

12. 你父亲的其他妻子有生小孩吗？生了几男几女？

13. 你母亲是童养媳吗？

14. 如果是，她是否嫁给了养兄弟？如果没有，是什么原因？

15. 是你母亲嫁到夫家，还是你父亲入赘到你母亲家？

（如果受访人的父亲不是入赘的，则跳问 21 题。）

16. 你父亲入赘时是否改姓？

17. 你的兄弟姊妹中有人跟你母亲姓吗？

18. 你父亲在你母亲家住了多久？

19. 你母亲家为何要招赘？

20. 你父亲为何答应入赘？

21. 你母亲有没有缠过小脚？几时开始？小脚有没有解开过？几时解开？

22. 你记得你的祖母吗？她有没有缠小脚？

23. 你的姊妹有没有缠过小脚？几时开始？后来有没有解开？几时解开？为什么解开？

24. 你有没有缠过小脚？

（如果受访人没有缠过小脚，跳问 28 题。）

25. 你多大开始缠小脚？花了几年才缠好小脚？

26. 缠过脚以后，你做事受影响吗？哪些工作你不能做？

27. 你小脚解开了吗？多少岁、为什么解开？

28. 你是在你出生的家庭长大的吗？或是在别的家庭长大的？

（如果受访人是在原出生家庭长大的，跳问 36 题。）

29. 你是几岁被领养的？你养父母是否有送给你生父母礼物或金钱？若有，送什么？送多少？

30. 在你被送给人领养时，你的生父母共生有几男几女？

31. 在你被领养时，你养父母家中共有几男几女？

32. 在你被领养以后，你有没有回过生父母家？是在什么情况下？

33. 你的生父母为何把你送给别人养？

34. 你的养父母为何要领养你？

35. 你有没有嫁给你的"头对仔"（原来要配对的养兄或弟）？如果没有，是为什么？

36. 你结婚之前，在家中担任什么工作（包括家务事及在家做的可赚钱的工作）？

37. 你结婚之前，有没有外出工作过？

（如果受访人没有外出工作过，跳问 43 题。）

38. 你帮谁工作过？

39. 帮人做什么样的工作？

40. 这些工作赚多少钱？（请注明是日薪还是月薪以及币制单位）

41. 在结婚之前，你工作了多少年？

42. 你赚的钱是自己掌管还是交给谁？

43. 你第一次来月经是多少岁？

44. 在你来月经时，你的母亲或其他人有没有教你特别注意什么？

45. 你是在多少岁停经的？

46. 你多少岁结婚的？你记得是哪一年吗？

47. 你结婚的时候，你丈夫多大？

（如果受访人未嫁给养兄弟，跳问 54 题。）

48. 你什么日子结婚的？是在除夕夜吗？

49. 在你结婚之前，你的养父母有没有把你送回生父母家住一段时间？

50. 在你结婚的时候，你的生父母家有没有送你一些礼物？

51. 结婚时你夫家有没有给你什么礼物？

52. 对于嫁给把你养大的家庭中的成员，你有什么看法？

53. 如果不是嫁给你养父母家的人，你认为你的生活会更好还是更糟？

（如果受访人被问过 48—53 题，跳问 79 题。）

54. 你婚后住在夫家还是你家？

（如果受访人住在夫家，跳问 63 题。）

55. 婚后你丈夫有没有改姓？如果没有，家中是否有小孩从你姓？

56. 在你订婚和结婚时，你夫家有没有送什么礼物？

57. 你的家庭有没有给你丈夫或你夫家什么礼物？

58. 你丈夫搬到你家的时候，有没有什么正式的结婚仪式？描述一下当时的情形。

59. 你的丈夫和你父母住在一起多久？

60. 你父母为什么要你丈夫入赘到你家？

61. 你丈夫的父母为什么会让他入赘到你家？

62. 你对你丈夫入赘到你们家有什么感觉？

63. 如果你是嫁出去，而不是招赘，你认为你的生活会更好还是更糟？

（如果受访人被问过 55—63 题，跳问 79 题。）

64. 你们订婚的时候，你夫家送什么礼？

65. 你们结婚的时候，你夫家送什么礼？

66. 你夫家有没有给你一笔聘金？

（如果夫家没有付聘金，跳问 70 题。）

67. 聘金是多少钱？（请注明币制单位）

68. 你家人是否送还一部分聘金？

69. 你家人怎样运用这笔聘金？

70. 你嫁的时候有没有嫁妆？

（如果受访人没有嫁妆，跳问 74 题。）

71. 你的嫁妆包括哪些东西？有没有土地、房子、金钱？这些财物后来如何处理？

72. 你的嫁妆大概值多少钱？

73. 你的嫁妆是谁给的？

74. 你结婚之前见过你丈夫吗？多久见一次，在哪里？

75. 你结婚那一天有没有坐过轿子？是哪一种轿子？

76. 描述你结婚当天离开你娘家之前的情形。

77. 描述你结婚当天抵达夫家之后的情形。

78. 描述你结婚后头几天所必须做的事。

79. 在你结婚的时候，你娘家（指生父母或养父母家）有谁住在一起？请以亲属图表示。

80. 在你结婚前几年，你娘家、夫家各以什么为生？

81. 你家有没有土地？

（如果该家庭没有土地，跳问 84 题。）

82. 你家有多少土地？

83. 你家的土地是自己的，还是租的？有多少是自己的，多少是租来的？

84. 你家有没有经营生意或其他事业？

（如果受访人没有经营生意或其他事业，跳问 87 题。）

85. 你家经营什么样的事业？

86. 你家经营事业的资本是从哪里来的？

87. 你家中有没有人是劳工或工薪阶层？

（如果家中没有劳工或工薪阶层，跳问 91 题。）

88. 他们给谁工作？

89. 他们做什么工作？

90. 他们所获的酬劳是多少？（请注明是日薪还是月薪以及币制单位）

91. 你结婚的时候，夫家有谁住在一起？请以亲属图表示。

92. 你夫家在你结婚后最初几年以什么为生？

93. 你夫家有土地吗？

（如果夫家没有土地，跳问 96 题。）

94. 你夫家有多少土地？

95. 这些土地是自己的还是租的？

96. 你夫家有没有经营生意或其他事业？

（如果夫家没有经营生意或其他事业，跳问 99 题。）

97. 你夫家经营什么样的事业？

98. 你夫家经营事业的资本是从哪里来的？

99. 你夫家有没有人是劳工或工薪阶层？

（如果夫家没有劳工或工薪阶层，跳问 103 题。）

100. 他们给谁工作？

101. 他们做什么工作？

102. 他们所获的酬劳是多少？（请注明是日薪还是月薪以及币制单位）

103. 是你家还是你夫家比较有钱？

104. 你结婚后的头几年做什么样的工作？

105. 你婚后有没有外出工作过？

（如果受访人没有外出工作过，跳问 111 题。）

106. 你给谁工作？

107. 做什么样的工作？

108. 你的薪水是多少？（请注明是日薪还是月薪以及币制单位）

109. 你外出工作了多少年？

110. 你赚的钱是自己掌管还是交给谁？

（如果受访人有生小孩，跳问 115 题。）

111. 你为什么没生小孩？

112. 你或你丈夫有没有服过任何药物，以便能生小孩？

113. 你或你丈夫有没有找过乩童或算命先生算过或想其他办法生小孩？

114. 你婆婆或其他人在你怀孕的时候，有没有要你特别注意什么事？

115. 你生了几个小孩？几男几女？（要求计算出所有顺产胎儿）依序列出每个孩子的性别和出生时你的年龄；如果有小孩夭

折，列出其死亡年龄及可能原因。

胎数	性别	母亲当时年龄	小孩死亡年龄	可能的死亡原因

116. 你生最后一胎的时候是多少岁，为什么后来不再生了？

117. 你丈夫还活着吗？如果不在了，是什么时候去世的？

118. 如果你丈夫已过世，你是否曾再婚？再婚是否有什么特殊婚俗？

119. 你离过婚吗？如果离过，是在多少岁的时候？

120. 你的小孩有没有在结婚之前就夭折了的？如果有，是在几岁的时候，是什么原因？利用 115 题的表格，记录可能的死亡原因。

121. 你有没有收养过女儿？

（如果受访人没有收养女儿，跳问 126 题。如果有，针对每一个收养的小孩询问下列问题。）

122. 你在多少岁的时候收养她？

123. 她当时几岁？

124. 你从谁那里收养她？

125. 你为什么收养她？

126. 你有没有收养男孩？

（如果受访人没有收养男孩，跳问 131 题。如果有，针对每一个收养的小孩询问下列问题。）

127. 你在多少岁的时候收养他？

128. 他当时几岁？

129. 你从谁那里收养他？

130. 你为什么收养他？

131. 你有没有把你的女儿送养或卖掉过？

（如果受访人没有送养或卖掉过女儿，跳问 136 题。如果有，找出是哪个女儿，并询问下列问题。)

132. 你在多少岁的时候把女儿送人？

133. 她当时几岁？

134. 你把她给了谁？

135. 你为什么把她送人？

136. 你有没有把你的儿子送养或卖掉过？

（如果受访人没有送养或卖掉过儿子，跳问141题。如果有，找出是哪个儿子，并询问下列问题。)

137. 你在多少岁的时候把儿子送人？

138. 他当时几岁？

139. 你把他给了谁？

140. 你为什么把他送人？

141. 你希望多生还是少生一些孩子？为什么？

142. 你的丈夫呢？他希望多生还是少生一些孩子？为什么？

附录五、1991 年武雅士关于
田野调查报告编写大纲的来函

TENTATIVE OUTLINE OF LUCE PROJECT MONOGRAPHS

Drafted by Arthur P. Wolf

The following is a preliminary outline of the monographs planned for each of the twelve field sites included in the Luce project. Please understand that this is only a first effort for us to discuss when we get together in March. Members of the project should prepare comments or alternative outlines for consideration when we meet.

The outline consists of chapter titles, a series of numbered questions, and the titles of tables that should be included in all the monographs (obviously, the authors of individual monographs will want to include additional tables). With the exception of the table on mourning dress, the authors of the monographs are not responsible for preparing the tables. Yen Mien (Margaret Sung) will provide the table on linguistic features and the table on kinship terminology. The rest of the tables will be produced in Taipei where we are now in the process of computerizing the most important data from our questionnaires.

鲁斯项目专著提纲

起草人：武雅士

以下是对鲁斯项目中 12 个调查点的专著的暂定大纲，是 3 月份集体讨论的初步成果。请大家准备修改意见或备选方案，供下次开会审议。

大纲由篇章标题、系列问题和基本表格标题组成（当然表格不限于此，作者可自行补充）。专著作者负责编制丧服表，严棉（Margaret Sung）提供语言特征表和亲属称谓表，其余表格将在台北制作——目前正在将调查问卷中最重要的数据录入电脑。

The most important point to made about the outline is that all of the questions should be answered in terms of the similarities and differences between the three field sites. In what ways are the three sites similar? In what ways do the differ? And, why do they differ? These are organizing questions that should be kept in mind with regard to all of the topics raised. Most of the questions can be answered with the data given in response to our questionnaire, but there are some that may require additional field research. Thus, it is best to think of the outline as a way of evaluating where we stand and what we still need to do as well as a guide for the authors of the monographs.

My hope is that all twelve monographs will include chapters dealing with such topics as the history of the sites, the local economies, marriage and adoption, etc. But there is no need for the authors to take up the questions raised by these topics in the same order or to limit themselves to the questions contained in the outline. All that is necessary to fulfill our collective interests is that among the tables they include and the questions they raise, all the monographs include a common set of tables and a common set of questions. What we want most of all is twelve original pieces of scholarship that taken together add up to something even better than twelve original monographs.

关于大纲，最重要的一点是，所有问题都应该根据三个调查点之间的异同来回答。三地在哪些方面相似？在哪些方面不同？为什么它们不同？这些在所有专题组织问题时都应牢记。大多数问题都可以用我们问卷中给出的数据来回答，也有些问题可能需要额外的实地调查。因此，最好将大纲视为评估我们所处位置和下一步措施的方式，以及专著作者的指南。

我希望12本专著都包含历史背景、社会经济、婚姻和收养等主题章节，但作者不必按同样的顺序写作，也不必局限于此大纲。大纲提出共同的表格和问题，只是为了符合我们的共同兴趣。我们最想要的是12篇原创学术论文，它们加起来胜过12部原创专著。

I. Historical Background

1. What are the general characteristics of *xian* and each of the three sites?

Sketch map of the *xian* noting rivers, mountains, roads, major towns and the location of the three sites.
Map of each of the three sites noting the location of roads, temples, lineage halls, and other special features.

2. When was the *xian* city founded? Have the three sites always been part of the *xian*? When were the sites settled? How do the three sites differ in terms of administrative control?

3. Have any important historical events occurred in any of the sites or nearby? Have any important people ever lived in or near them?

4. Are there any old monuments, buildings, or structures in or near them? What do they tell us about local history?

5. To what language community does each of the sites belong? What are the special characteristics of the local dialect?
Phonetic table to be provided by Yen Mian (Margaret Sung)

6. What are the general characteristics of the

一、历史背景

1. 该县的一般特征、每个调查地的一般特征是什么？
注明河流、山脉、道路、主要城镇和三地位置的该县示意图。
注明道路、寺庙、祠堂等特色位置的三个调查地点示意图。

2. 该县是何时建立的？这三地一直是该县的一部分吗？都是何时建置的？行政控制方式有何不同？

3. 三地或附近是否发生过什么重要的历史事件？有什么重要人物曾经住在那里或附近吗？

4. 那里或附近是否有古老的遗迹、建筑或构造？它们包含关于当地历史的什么信息？

5. 三地属于哪个方言区？方言的特点是什么？

表：语音表，由严棉（Margaret Sung）提供。

6. 本研究中受访者的总

people interviewed for this study? What were major events in the area in their lifetimes and how may they have influenced the results of this study?

Number and sex of informants by site and year of birth.

Ⅱ. Economy and Ecology

1. What products were produced in each of the three sites (e. g. agricultural, raw materials, processed goods)?

2. What was the population level at the time of the survey? Had it been changing in the 19th century?

3. Was there surplus labor above local needs? Where did the labor go?

4. What were the transportation links for each site—by road, water, or other? Where did the roads or waterways lead to? Are the sites near a crossroads, river port, or other communications center?

5. What were the means of transport (small boat, large boat, raft, porterage, etc.) used to move goods into and out of each site? Where did the transport labor come from? What kind of workers were they (e. g. men or women, seasonal or long-term, etc.)?

6. What were the main local relations of produc-

体特征是什么？他们一生中在当地发生了哪些重大事件，这些事件对这项研究的结果有何影响？

表：按地点和年龄统计受访者人数和性别结构。

二、经济与生态

1. 三地分别出产哪些产品（如农产品、原材料、加工品）？

2. 调查时的人口是多少，在 19 世纪有过变化吗？

3. 是否存在超出当地需求的剩余劳动力？流向何方？

4. 三地对外交通方式是什么，公路、水路或是其他？道路通向何方？三地是否靠近十字路口、河港或其他交通中心？

5. 货物进出三地的运输工具是什么（小船、大船、木筏、搬运工等）？运输工人从哪来？是哪种工人（男性或女性，季节性或长期性等）？

6. 三地主要的生产关系

tion（e. g. most people were tenants, some were hired labor, etc.）?

是什么（例如，大多数人是租户，有些人是雇佣工人，等等)?

Livelihood of families in sites by site and sex of informant.

表：按地点和性别统计受访者在村内的家庭生计。

Livelihood of families outside sites by site and sex of informant.

表：按地点和性别统计受访者在外地的家庭生计。

7. How much land did farming families cultivate? What proportion of the land was owned and tenanted? What was the lowest, highest, and average rent?
Amount of land owned and rented by families in sites by site and sex of informant.

7. 农民家庭耕种了多少土地？自有和出租的比例是多少？最低、最高和平均租金是多少？
表：按地点和性别统计受访者家庭在村内的自有和租赁土地。

Amount of land owned and rented by families outside sites by site and sex of informant.

表：按地点和性别统计受访者家庭在外地的自有和租赁土地。

8. Was there much commodity production? What products? Where did the raw materials come from? Where did the labor come from? Where were the products sold to?

8. 三地是否有大宗商品生产？什么产品？原材料从哪来？劳动力从哪来？产品卖向何方？

9. Were there any production units larger than a household in the area（e. g. a lineage that owned a brick kiln, or a wharf, or a lot of *gongtian*）? Did these employ local labor?

9. 三地是否有比家庭更大的生产单位（例如拥有砖窑、码头或许多公田的大家族)？是否雇佣当地劳动力？

10. What kind of work did the people interviewed do? What was the local division of la-

10. 受访者做什么工作？当地男女如何分工？女

bor between men and women? Did women do important income-producing work?

Type of men's work before and after marriage by site.

Type of women's work before and after marriage by site.

11. How much could people in the three sites earn in these different activities?

12. What products were regularly bought into the sites for sale（e. g. salt, cloth）?

13. How did people earn the money to pay for things they bought?

14. Was credit extended? Were there any lending associations? What was the customary interest rate?

15. Did any of the sites have rotating markets? Regular daily markets? Annual fairs?

Ⅲ. Lineage and Community Organization

1. Does each site have a single dominant lineage? Two or three main lineages? Mixed surnames? No real lineages? Are there other powerful lineages nearby?

2. Did lineages fight or feud with each other using physical violence? Did local people build protective fortifications of any kind?

3. If one lineage is especially strong, how did it become dominant? If one lineage is especially

性是否从事重要的创收工作?

表：按地点统计男性结婚前后的工作类型。

表：按地点统计女性结婚前后的工作类型。

11. 受访者做这些工作的薪酬如何?

12. 哪些产品是定期购入当地用于销售的（例如盐、布)?

13. 人们又是如何赚到钱用来买东西的?

14. 民间有借贷吗? 有没有贷款组织? 通常利率是多少?

15. 三地是否有流动市场、日常市场、年市?

三、家族与社区组织

1. 三地是否都有一个显赫家族、两三个主要家族、联合姓氏? 有没有真正的血统? 附近还有其他强大家族吗?

2. 家族之间是否有过械斗或世仇? 三地建造过防护工事吗?

3. 如果一个家族特别强大，它是如何成为主导

wealthy, how did it come to have so much more than others (e. g. an official in the lineage, armed force, special source of wealth)?

4. Did lineages in your sites have productive resources that they owned collectively? What resources (e. g. land to rent out, timber, commercial products, control over a market or wharf)? Who controlled lineage productive property? Was its land or other property rented out? To whom? How was the income used?

5. Did these lineages have lineage halls? Describe the hierarchy of halls and branches, with founding dates or generations. What rituals were performed in lineage halls, and what rituals were performed at home? Who participated in rituals (men, women, married men only, etc.)?

6. Did they support schools, give scholarships to children to study, reward scholars who attained degrees? How much? How were the beneficiaries chosen? Who were they?

7. If there were no lineages in the community or lineage organization was weak, how was the community organized? How did people conceive of the community? What organizations governed the community? Were there any voluntary or informal organizations?

的？如果一个家族特别富有，它是如何积累财富的（例如家族中产生官员、武力、特殊财源）？

4. 三地的家族是否拥有族产？什么资源（例如租地、木材、商业产品、操纵市场或码头）？谁控制族产？族产是否出租？租给谁？收入如何使用？

5. 这些家族有祠堂吗？描述祠堂及其分支的层次结构，以及创建年代或世代。哪些仪式在祠堂举行，哪些仪式在家中举行？谁参加仪式（男性、女性、仅已婚男性等）？

6. 他们是否支持学校，为孩子们提供奖学金，奖励学有所成者？奖多少？奖给谁？如何选择？

7. 如果当地没有家族或家族组织薄弱，社区是如何组织的？人们如何看待这个社区？哪些组织管理着社区？是否有自发或非正式组织机构？

8. What was the nature of social stratification in the community? Who were the elite? How did they achieve their high status? How was their status expressed?

IV. Marriage and Adoption

1. What were the forms of marriage in each of the three field sites? How many men and women married in each form?

From of parents' marriage by site and sex of informant.

From of informants' marriage by site and sex.

2. What were the major events leading up to the wedding? What were the major events on the day of the wedding? Describe a typical wedding and note any differences between the three sites.

3. Was the choice of form of marriage affected by the family's occupation and/or material circumstances?

Form of marriage by livelihood and sex of informant.

4. Where did the women who married into the site come from? How many came from the same village? The same *xiang*? The same *xian*? Does the pattern of marriage networks relate to economic, lineage, or other local patterns?

5. What was the average bride price? The lowest and the largest bride price? How was the size of the bride price decided?

8. 社会分层的性质是什么？谁是精英？他们如何获得崇高地位？他们的地位如何表现？

四、婚姻与收养

1. 三地有哪些婚姻类型？各类婚姻现在有多少对？

表：按地点和性别统计受访者父母的婚姻类型。

表：按地点和性别统计受访者的婚姻类型。

2. 婚礼前有哪些仪式？婚礼当天有哪些仪式？描述一个典型的婚礼，注意三地差异。

3. 婚姻类型的选择是否受到家庭职业和/或物质条件影响？

表：按职业和性别统计受访者的婚姻类型。

4. 嫁入当地的女性来自何方？有多少来自同村、同乡、同县？婚域结构是否与经济、血统或其他地方传统有关？

5. 平均、最低、最高的彩礼都是多少？彩礼多寡如何决定？

Amount of bride price in major marriages by site and sex of informant.

表：按地点和性别统计主要婚姻中的彩礼金额。

6. What was included in the typical dowry? A small dowry? A very large dowry? How was the size of the dowry decided?

6. 典型、微薄、豪华的嫁妆各包括什么？嫁妆多寡如何决定？

Form of dowry by site and sex of informant.

表：按地点和性别统计受访者嫁妆形式。

Amount of bride price and form of dowry by livelihood.

表：按职业统计彩礼金额和嫁妆形式。

7. How many women were adopted as *tongyangxi*? What was the average age at adoption? What was motive for giving girls out at *tongyangxi*? What was motive for adopting girls?

7. 有多少女性被收养为童养媳？收养时平均多大？送养女孩做童养媳、收养女孩的动机是什么？

8. How many men were adopted or given out in adoption? What were the motives?

8. 有多少男性被收养或被送养？动机是什么？

Proportion of informants adopted by sex and site.

表：按地点和性别统计受访者被收养比例。

Proportion of informants' children adopted out by site and sex of child.

表：按地点和儿童性别统计受访者送养的儿童比例。

Proportion of informants' children adopted in by site and sex of child.

表：按地点和儿童性别统计受访者收养的儿童比例。

Average age at adoption of informants by sex and site.

表：按地点和性别统计受访者被送/收养的平均年龄。

Average age at adoption of informants' children by sex and site.

表：按地点和性别统计受访者子女被送/收养的平均年龄。

9. What was the average age at menarche and

9. 月经初潮和更年期的

menopause? Was it affected by the person's material circumstances? Was menarche an occasion for special ritual or social attention?

Average age at menarche and menopause by site and year of birth.

Age at menarche and menopause by livelihood.

10. What was the average age at marriage for men and for women?

Average age at marriage by site, sex, sex of informant, and form of marriage.

11. Was there any difference in the level of fertility between the three sites? Was it affected by form of marriage or by the couple's material circumstances?

Completed fertility by site and form of marriage.

Completed fertility by site and livelihood.

12. Was there any difference in the level of infant and childhood mortality between the three sites? Was it affected by the family's material circumstances?

Infant and child deaths by site and sex of child.

Infant and child mortality by livelihood.

13. How many marriages were dissolved by sepa-

平均年龄是多少？是否受到个人物质条件的影响？初潮是一种特殊经历或家庭大事吗？

表：按地点和年龄统计初潮和停经的平均年龄。

表：按职业统计初潮和停经年龄。

10. 男女平均婚龄是多少？

表：按地点、性别和婚姻类型统计平均婚龄。

11. 三地的生育水平有何不同？是否受婚姻类型或双方物质条件的影响？

表：按地点和婚姻类型统计生育率。

表：按地点和职业统计生育率。

12. 三地的婴儿和儿童死亡率有何不同？是否受到家庭物质条件的影响？

表：按地点和儿童性别统计婴儿和儿童死亡人数。

表：按职业统计婴儿和儿童死亡率。

13. 有多少婚姻因分居

ration or divorced? What were the circumstances?

14. How many women married a second time if they were widowed or divorced? How many men?

15. What are the main differences in marriage customs between the three sites? Can you explain any of them? Are they affected by lineage power? By special work for women? By migration or so-journing?

V. Family Organization and Gender

1. What was the typical family cycle in each of the three sites? How does one best explain the differences?
Form of family before and after marriage by site and sex.

2. Was family size and structure affected by occupation and wealth? What was the nature of the relationship?
Family form before and after marriage by livelihood and sex of informant.

3. When did family division usually occur? Before or after the death of the parents? How was family division effected? Was all of the property divided equally between the sons? Discuss the exceptions.

4. When family division occurred before the parents' deaths, what provision was made for their

或离婚而破裂？在哪些情况下？

14. 如果寡居或离婚，有多少女性会再婚？男性呢？

15. 三地婚俗有何差异？如何解释？是否受家族力量、女性职业、迁徙、外出务工的影响？

五、家庭组织与性别

1. 各地典型的家庭结构是哪种？如何解释其间差异？
表：按地点和性别统计结婚前后的家庭结构。

2. 家庭规模和结构是否受到职业和财富的影响？其间关系的实质是什么？
表：按职业和性别统计受访者结婚前后的家庭结构。

3. 通常何时分家？父母去世之前或之后？如何实施？家产由诸子平分吗？说明例外情况。

4. 父母在世时分家的，如何供养父母晚年？

old age?

5. Was there anything special about women's position in any of the three sites? Were there any differences between the sites? What were they? How can they be explained?

6. Were there any special restrictions placed on women? Were there activities from which they were excluded?

7. How many of the female informants had ever had their feet bound? How many of the male informants' wives? How many of the informants' mothers?

Percent of mothers with bound feet by site and sex of informant.

Percent of informants with bound feet by site and year of birth.

8. What was the average age at which women's feet were bound? Were they always bound very tight? Was there a difference between women from poor and wealthy families?

Average age at which informants' feet were bound by site and year of birth.

Proportion of women with bound feet by livelihood.

9. What is the recent history of bound feet in each of the three sites? When was the custom abandoned? Why?

Ⅵ. Religion and Ritual

1. What temples were found in each of the three

5. 女性的地位有何特别之处？各地有何不同？如何解释？

6. 是否对女性有特殊限制？是否有她们被排除在外的活动？

7. 有多少女性受访者缠过足，男性受访者的妻子和母亲呢？

表：按地点和性别统计受访者母亲缠足比例。

表：按地点和年龄统计受访者缠足比例。

8. 女性平均多少岁开始缠足？一直绑得很紧吗？贫家女和富家女有区别吗？

表：按地点和年龄统计平均缠足年龄。

表：按职业统计女性缠足比例。

9. 三地缠足习俗的近况如何？何时、为何被放弃？

六、宗教与仪式

1. 三地有哪些寺庙？庙

sites? Who were the gods in each of the temples? When and how were they worshipped?

2. How were the temples organized and supported? How did they relate to the social structure of the community? Did any of the temples own land or other productive resources?

3. Did any of the local temples have *fenxiang* relations with other temples? Did the people living in the site commonly visit temples in other localities?

4. What were the most important festivals in the site? Who participated? How were the festivals organized?

5. Where did people worship their ancestors? In their home, in a *gongting*, or in a lineage hall? When did they worship their ancestors? How were the things on the ancestral altars arranged?

6. Were there any small temples for ghosts or for women who died before marriage? What did people say forms of the supernatural? How and when did they worship them?

7. Was there any difference in the form of the offerings made to gods, ghosts, and ancestors? What were the differences?

8. How were funerals conducted in each of the three sites? What were the differences within and between sites?

9. What were the differences, if any, in the beliefs and rituals of people in three sites? How

里的神是谁？他们是何时以及如何受到崇拜的？

2. 寺庙是如何组织和获得支持的？它们与当地的社会结构有何联系？是否拥有庙产？

3. 有没有寺庙有分香关系？居民是否经常参拜外地寺庙？

4. 三地最重要的节日是什么？谁参加？节庆如何组织？

5. 人们在哪里祭祖？在家里、公厅还是祠堂？何时祭祖？祭品如何布置？

6. 有没有供奉鬼魂或婚前死亡女性的小寺庙？人们怎么看待超自然现象？如何、何时供奉他们？

7. 向神、鬼和祖先献祭的形式有何不同？

8. 三地的葬礼如何举行？村内和村际各有哪些差异？

9. 三地的信仰和仪式有何不同？如何解释？

might these differences be explained?

VII. Kinship Terminology and Mourning Dress

1. What were the forms of address and reference in each of the three sites?
Tables to be provided by Yen Mien (Margaret Sung).

2. What were the differences, if any, in the kinship terminology of the three sites?

3. What were the mourning costumes worn by relatives of the deceased in each of the three sites?
Table comparing the mourning dress of the three sites.

4. What were the differences, if any, in the mourning dress worn in the three sites?

5. Compare the distinctions made in kinship terminology and mourning dress in each of the three sites and then discuss the differences between the sites.

VIII.

1. In what way are the customs of the three sites similar? What are the most important differences?

2. What do you think is the best explanation of the differences?

七、亲属称谓术语与丧服

1. 三地如何称呼和提及亲属？
表：亲属称谓表，由严棉（Margaret Sung）提供。

2. 三地的亲属称谓有何不同？

3. 三地的死者亲属分别穿什么丧服？

表：三地丧服比较。

4. 三地的丧服制度有何不同？

5. 比较并解释三地在亲属称谓和丧服方面的差异。

八

1. 三地风俗在哪些方面相似？最重要的区别是什么？

2. 你认为如何解释这些差异？

3. Are there any known differences between custom in this *xian* and custom in neighboring *xian*? What is the best explanation of these differences?

Bibliographic Appendix

List and evaluate the other sources, published and unpublished, available for the study of this *xian*. Describe their contents and the uses to which they might be put. Provide a bibliography of all the published sources and briefly note where the unpublished sources can be found. This appendix should be in the form of a short essay that tells the reader something about the content of the sources.

3. 本县和邻县的风俗有何不同？如何解释？

参考文献

列出并评价其他已发表和未发表的可供本县研究的资料。描述它们的内容和可能的用途。提供所有已出版资料的参考书目，并简要说明未出版资料的所在地。本附录应采用短文形式，告诉读者相关资料的内容。

（江叔维　译）